AF226588

VIE
DE MADAME DE MAINTENON.

TOME PREMIER.

A NANCY.

Chez H. BRENNEAU.

M. DCC. LIII.

A. L. P. A. D. D. E. A. S. C.

C'EST d vous, jeune & belle Athenaïs, c'est d vous qu'il faut dédier la Vie de Madame de Maintenon, d vous qui auriez passé sur ses genoux les premieres années de la vôtre, si malheureusement pour nous vous étiez née de son tems. Vous trouverez ici le merveilleux du roman, le vrai de l'histoire, & beaucoup de petits faits, propres d confirmer de grandes vérités. Jusqu'ici Madame de Maintenon n'avoit paru que sous les traits de la satire : adorée pendant sa vie, calomniée après sa mort. La malignité troubloit ses cendres, flétrissoit sa mémoire, & sembloit vouloir la punir de son élévation, & se venger de ses vertus. Ses Lettres ont commencé d détromper les esprits ; elles ont eu le suffrages les plus respectables ; elles ont eu le vôtre ; elles font les délices des personnes les plus dignes de l'estimer. Exceptez-en les méchans, pour qui les vertus même les plus décidées sont toujours des vices, tout le monde a semblé revenir avec plaisir de ses préventions. Cette histoire achevera de désabuser ceux qui méritent de l'être, ceux d qui quel-

EPITRE

que anedocte fournit quelque doute. Je ne vous en offre que la premiere Partie, pour des raisons que vous sçaurez, la premiere fois que je vous ferai ma cour. Si elle ne vous plaît pas, j'en serai bien fâché pour les deux suivantes : car elles seront dans le même goût. Je vous donnerois quelque chose de mieux, si Madame de M..... n'étoit plus jalouse d'imiter les vertus de Madame de Maintenon que de les publier.

Ce 1 Janvier, 1753.

P. S. Page 217. Il y a une grande faute sur le Mariage du Comte d'Aubigné.

VIE
DE
MADAME
DE
MAINTENON.

PREMIERE PARTIE.

CHAPITRE. I.

Naiſſance de Me. de Maintenon.

A nobleſſe de Françoiſe d'
Aubigné, Marquiſe de
Maintenon, n'eſt pas dou-
teuſe. Elle étoit petite fille
de Théodore Agrippa d'Aubigné,
Gouverneur d'Oleron & de Maillezais,
Amiral de Bretagne, & Gentilhommé
ordinaire de la chambre du Roi.

A   Quel-

* Quelques uns ont prétendu, que Theodore Agrippa d'Aubigné étoit fils naturel d'un prince. C'eſt un menſonge qui n'étant fondé ſur rien n'a pas beſoin d'être contredit par ſon contrat de mariage avec Mademoiſelle de Lezey.

** Un bruit plus vrai, c'eſt celui qui le fait favori de Jeanne d'Albret, Reine de Navarre, mere d'Henri quatre. Cette princeſſe le combla de biens, ne ſe conduiſit que par ſes conſeils, & le fit ſon chancelier.

Aubigné étoit aimable, ſpirituel, bien fait; la reine l'aima, le lui dit, & l'épouſa en ſecret. Ce mariage ne pût être lon-tems caché à la cour. On les voioit vivre enſemble avec une familiarité que la vertu & la pieté de la reine firent juger légitime. Quelques envieux d'Aubigné en firent des railleries

* Moreri Dictionn.
** Merc. gal. Janv 1705. P. 233.

ries en préfence d'Henri quatre, Vous voulez, leur dit le roi, que je me fâche d'une chofe que chacun de vous voudroit avoir fait.

Ce prince ne laiffa point languir Aubigné dans les plaifirs : il en tira de grands fervices dans toutes fes guerres, & l'emploia même à quelques négociations.

Aubigné fe piquoit d'une fincérité, qu'il pouffoit un peu trop loin, & qu'il appelloit lui même une rude probité. Cette qualité ne déplaifoit point au roi, qui loin de récompenfer les flatteurs donnoit à fa cour l'exemple de la franchife.

Pendant qu'on parloit du mariage de fa fœur avec plufieurs princes qui la demandoient, Aubigné & Fontenai qui étoient couchez dans fa chambre s'en entretenoient. Fontenai voulant faire répéter à Aubigné ce qu'il n'avoit pas entendu, le roi qu'ils croioient

endor-

endormi lui cria : Sourd que tu es, n'as tu pas oüi qu'il te difoit, que je voulois me faire plufieurs gendres avec ma fœur ? Dormez, Sire, lui répond Aubigné, dormez : nous en avons bien d'autres à dire fur votre compte.

Après que ce prince eut embraffé la religion catolique, Aubigné, zélé Huguenot, fe retira dans fa petite maifon de Murcé, où il s'occupa à écrire l'hiftoire de fon tems. Vous devriez écrire la mienne, lui dît un jour Henri : à quoi il répondit ; faites toujours, & j'écrirai.

* Cette hiftoire parut après la mort d'Henri IV. Cette mort le toucha fenfiblement : il publia deux volumes in folio, qu'il fit imprimer à Maillezais, dont il étoit gouverneur. Elle commence à l'an 1500, & finit à 1610. Elle eft écrite avec un defintéreffement qui lui attira des louanges de tous fes contemporains. Quelques uns l'ont comparée

* *Du Chefne, Sorel, Placius.*

parée à celle de M. de Thou, à laquelle il n'en est point de comparable. Lorsqu'il en vient à la mort d'Henri IV, il dit que la plume lui tombe des mains, & qu'il n'a plus la force de rien écrire.

Le troisieme volume parut bientot après, & fut imprimé à Loudun. On y trouva la ligue & les Guises trop maltraitez : on blama sa partialité pour les religionaires : on fut scandalisé de quelques anecdotes d'Henri III, contées avec trop de liberté. Le livre fit du bruit ; le parlement en prit connoissance, & le fit bruler. Et c'est ce qui a rendu si rare, ce troisieme tome, bien plus curieux que les deux premiers.

Sa plume s'exerça sur des sujets plus agréables, mais plus dangereux : il fit le divorce satirique, qui fut attribué à une grande princesse.

Il n'aimoit point Sancy, qui malgré

les

les services qu'il avoit rendus à Henri, n'avoit pu s'en faire aimer : il écrivit contre lui la mordante & ingénieuse satire, intitulée, *Confession catolique de Sancy*. Cette piéce est une des meilleures que nous aïons en ce genre.

* On prétend, qu'il avoit eu un fils de Jeanne d'Albret ; & Bayle assure, qu'il avoit vu en Hollande le fils d'un ministre, nomme Goyon, qui passoit généralement pour petit fils de la reine de Navarre. Peut-être Aubigné ne pût il pas lui donner un état plus brillant à cause du dérangement de sa fortune.

Pour charmer les ennuis de sa solitude, il composa *le Baron de Fœneste*, livre qui lui valut beaucoup d'ennemis & beaucoup de lecteurs. C'est un dialogue entre un homme sage & un gascon évaporé, qui raconte agréablement toutes ses avantures. Re-

tran-

* *Rep. aux quest. d'un provincial.*

tranchez en quelques discours qui sentent trop l'hérétique, ce sera un chef
d'œuvre. Cette satire contient plusieurs événemens du regne de Louis
treize, mais principalement des anecdotes de la vieille cour.

Selon quelques uns, le baron de
Fæneste est le duc d'Epernon à qui l'auteur imputoit ses disgraces, & celui
qui parle toujours avec sagesse est du
Plessis Mornai, qu'Aubigné estimoit
beaucoup, & aimoit encore plus. Mais
il est plus vraisemblable, qu'Aubigné
s'est contenté de faire dire souvent à
son gascon des choses, qui peignent
la sotte admiration, que les Gascons
avoient pour ce duc, & qui lui fournissent une occasion de le tourner indirectement en ridicule.

Quoiqu'il en soit, le nombre des
ennemis d'Aubigné aiant grossi considérablement, il fut sur le point d'être arrété, je ne sai sur quel prétexte ;

il

il en eut avis, & se réfugia en 1619. à Geneve, où les malheureux trou-voient alors un sûr azile.

* L'amour ne lui permit pas de mourir en paix : à l'âge de soixante douze ans, il fut touché de la beauté de Renée Burlamaqui, d'une ancienne maison de Lucques réfugiée à Geneve, & il l'épousa en 1625.

** Il emploia les dernieres années de sa vie à écrire sa propre histoire; piéce fort curieuse, & dont il y a encore un manuscrit à Paris, copié de sa propre main. †

Il mourut à Geneve en 1630, âgé d'environ soixante-dix-sept ans. Il laissa de Suzanne de Lezey, de la maison de Lusignan, qu'il avoit épousée

en

---

* *Hist. de Geneve, dern. edit. T, 1. P. 495.*
** *Merc. Fevr. 1705.*
† *On a encore de lui des pieces de téâtre, imprimées à Geneve in 8. 1653. Sa vie est imprimée à Amsterdam 2. vol. 1731.*

en 1583 un fils apellé Conſtant d'Aubigné, & deux filles dont l'une épouſa M. de Villette, grand - pere de Madame de Caylus, & l'autre, M. de Caumont d'Ade.

Conſtant d'Aubigné profita très mal de l'éducation que ſon pere lui avoit donnée. Perdu de dettes, il voulut faire un établiſſement à la Caroline : il obtint la charge de viceroi des iles de l'Amérique ; mais il s'addreſſa aux Anglois. La cour en fut informée, révoqua ſa commiſſion, & lui ôta le gouvernement de Maillezais.

Sa jeuneſſe cauſoit ſes fautes : elle répara ſes malheurs. Madame de Noaillé, riche veuve du païs d'Aunis, lui offrit ſa main. Il l'accepta. Mais il ne ſut pas être heureux. Il ne l'aimoit point ; il la négligea : elle s'en vengea, en lui donnant un rival, ſoit qu'elle en fut dégoutée, ſoit qu'elle crut le ramener par un air de coquet-

A 5

terie,

terie, qui n'eſt que trop commun
aux femmes.

Aubigné croit la ſienne infidelle,
s'abandonne à ſes conjectures & à ſa
jalouſie, paſſe de l'indifférence à la
haine. Sa femme meurt d'une mort
violente, & ſon amant eſt aſſaſſiné.
Les Noaillés l'accuſent du crime; il eſt
pourſuivi par un famille puiſſante, ſes
biens ſont ſaiſis, & il eſt enfermé
dans le château trompette.

Le duc d'Epernon, gouverneur de
Guienne, avoit donné le commande-
ment de ce château à Cardillac, gentilhomme Bourdelois ſon parent. Aubigné ſut plaire à ſa fille, & l'aſſura
que ſi elle lui procuroit la liberté, il
engageroit avec elle une vie dont il
lui ſeroit redevable. Cette fille eut bien
voulu ſauver ſon amant : mais elle
auroit bien voulu auſſi ne pas quitter
ſon pere : elle étoit effraïée de la ſeule
idée de fuir avec un homme accuſé
d'avoir

d'avoir poignardé sa femme. Aubigné que le péril avoit rendu tendre la persuada. Mais comment le tirer d'une prison si bien gardée ? L'amour tint conseil, fournit les expédiens, & en assura le succès.

Cette généreuse amie l'accompagne dans sa fuite, & partage ses malheurs. Ils errent quelque tems dans les païs étrangers, n'aiant pour tout bien que leur amour.

L'espérance d'une meilleure fortune les conduisit en Amérique. Ils s'y marierent ; il est étonnant qu'Aubigné n'eut pas plutot donné ce gage de sa reconnoissance à sa bienfaitrice. De ce mariage naquit un garçon, nommé Charles.

Aubigné, aiant gágné quelque somme d'argent aux plantations de tabac, poussé peut-être par son inquiétude naturelle, crut pouvoir hazarder un voiage en France. Il y revint, malgré les prieres de sa femme, fut découvert malgré

ses

ſes précautions , & mis une ſeconde fois au château trompette.

Madame d'Aubigné, enceinte, & avancée dans ſa groſſeſſe, aprend cette nouvelle, part avec ſon fils au berçeau, & va ſe rendre volontairement priſo-niere avec ſon mari.

Elle obtint de la cour , qu'il ſeroit transporté dans les priſons de Niort, pour y être à portée des ſecours de ſes parens. Ce fut là , qu'elle mit au monde en 1635 cette fille, devenue depuis ſi fameuſe.

Elle fut bâtiſée , le 8 Septembre † à Niort, dioceſe de Poitiers, tenuë ſur les fonds par François de la Roche foucault , & par Mademoiſelle de Neuillan, & apellée Françoiſe.

Mada-

† *S'il en faut croire les mémoires que j'ai entre les mains , c'eſt la datte de l'extrait baptiſtaire envoié aux dames de St. Cyr par l'évêque de Poitiers. Cependant , l'épitaphe de Vertot porte qu'elle n'eſt née que le 28 novembre, 1635.*

Madame d'Aubigné ne songea plus qu'à procurer une liberté solide à son mari. Il n'y avoit contre lui que des soupçons, & le crédit des parens de sa premiere femme; elle vint à bout de gagner ceux-ci par son habileté, ses larmes, & ses vertus: & elle dissipa tous les soupçons par un écrit où elle prouva l'innocence de son époux, qui lui dût une seconde fois la liberté.

Aubigné lui redonna bientot les mêmes inquiétudes. Il se lia avec quelques jeunes gens qu'on accusa de fausse monnoie, & fut mis comme eux en prison.

Il implora le secours de ses parens, mais sa mauvaise conduite les avoit dégoutés. On lui reprochoit de n'avoir pas su jouir de son bonheur, on lui reprochoit d'avoir épousé une femme sans biens, c'est à dire la seule bonne action que peut-être il eut fait.

Madame d'Aubigné ne perdit point

coura-

courage: son mari lui devenoit d'autant plus cher qu'il étoit plus malheureux; elle alla s'établir en prison avec ses deux enfans, pour adoucir l'amertume de ses chagrins.

Bientot l'indigence, plus affreuse encore que la servitude, alloit mettre au tombeau cette infortunée famille. Heureusement Madame de Villette fut la voir : elle vit toutes les horreurs de la misere, son frere aliéné par son desespoir, exténué par le manque d'alimens, deux petits enfans couverts de haillons, une mere éplorée qui présentoit son sein tantôt à son mari, tantôt à sa fille, sans espoir de sauver ni l'un ni l'autre : la misere & la faim lui avoient fait perdre son lait; & elle n'avoit pu trouver une nourrice. Madame de Villette fut attendrie : la vue de la petite Françoise la toucha : elle emmena avec elle à Murcé les deux enfans;

enfans ; & la fille eut la même nourrice que la petite Villette, qui fut depuis Madame de saint Hermine.

Madame d'Aubigné alla à Paris solliciter la grace de son mari : envain elle embrassa les genoux du cardinal de Richelieu ; ce ministre, qui n'avoit pas aimé Agrippa, & qui punissoit toujours le fils des fautes du pere, fut inflexible à ses prieres. C'est, lui dit il un jour, c'est vous rendre service que de vous ôter votre mari.

Elle avoit de la jeunesse, elle avoit de la beauté. Quelques seigneurs voulurent s'attacher à elle, & un d'eux se prévaloir de sa situation pour faciliter sa conquête: elle aimoit son mari, elle aimoit ses enfans, mais elle aimoit encore plus sa vertu. Elle se déroba promtement à ces humiliantes importunités. Le duc Bernard de Weymar lui fit présent de cent pistoles; elle alla rejoin-

rejoindre son mari, bien fâchée d'avoir montré une misere respectable à des cœurs de rocher incapables de la respecter.

Elle voulut r'avoir ses enfans : Madame de Villette, qui s'étoit attachée à la petite Françoise, ne s'en deffaisit qu'avec peine. Ce fut dans une prison que fût élevée cette fille, que le ciel destinoit à éprouver tous les revers & toutes les faveurs de la fortune. Elle a dit souvent, que sa mémoire lui rappelloit d'avoir joué dans ses premieres années avec la fille du concierge.

* Madame d'Aubigné voiant que le procès de son mari trainoit en longueur fit encore une nouvelle tentative. Sa grace fût accordée, à condition qu'il se feroit catolique. Aubigné, qui n'avoit pas beaucoup de religion, promit tout, & fut élargi.

Sorti de prison, il oublia ses promesses,

* 1638.

messes, & pour n'être point inquiété,
il résolut d'aller encore chercher en
Amérique le bonheur & la tranquillité
qu'il ne pouvoit trouver dans sa patrie.
Il s'embarqua donc avec sa femme &
ses deux enfans.

Pendant ce voïage, Françoise eut une
grande maladie, & fut à une telle ex-
trémité, qu'elle ne donnoit plus aucun
signe de vie. Sa mere la prend dans
ses bras, pleure, gémit, & la rechauf-
fe dans son sein. Son pere fatigué de
tous ses cris, veut lui arracher l'enfant
dont la mort & la présence cause &
irrite son desespoir. Un matelot est
sur le point de la jetter dans la mer.
Madame d'Aubigné demande qu'un
dernier baiser lui soit encore permis,
la prend, lui met la main sur le cœur,
& soutient qu'elle n'est point morte.

D'un péril elle passa bientôt dans un
autre. A peine fut-elle revenue de sa
maladie, que le vaisseau fut attaqué par

un

un bâtiment Turc. Pendant que tout l'équipage étoit dans les allarmes, Françoife difoit à fon frere : tant mieux, foions pris, nous ne ferons plus grondez par notre mere.

Cette mere avoit beaucoup de courage. Sa fille aiant été laiffée fur le rivage par la négligence d'un domeftique, qu'elle en avoit chargé, elle courut la chercher; mais quelle fut fa furprife! elle la voit entourée de bêtes venimeufes, prête à être dévorée : elle n'eft point arrêtée par le foin de fa propre confervation, elle s'avance avec intrépidité, & l'arrache aux monftres qui l'alloient étouffer.

CHAPITRE II.

Enfance de Mademoifelle d'Aubigné.

Madame d'Aubigné donnoit tous fes foins à l'éducation de fes enfans : heureufement pour eux, elle

étoit

étoit affez pauvre pour les élever elle-même. Elle s'attacha particuliérement à fa fille, en qui elle remarqua plus de talens, & plus de conformité avec fon caractere : elle ne lui enfeigna pas la vertu, elle la lui infpira, l'en nourrît. Le feu prit un jour à la maifon qu'elle occupoit dans l'Amerique ; voiant pleurer fa fille, elle lui en fit une vive reprimande, lui difant : faut-il pleurer pour la perte d'une maifon ? Madame de Maintenon qui racontoit quelquefois ce trait ajoutoit : elle m'eut bien grondée davantage, fi elle eut fu que ce n'étoit pas la maifon que je pleurois, mais ma poupée que je voiois bruler.

Sous les yeux de cette excellente mere, elle ne pouvoit manquer de faire de rapides progrès. Elle lui fefoit lire les vies de Plutarque, & l'accoutumoit de bonne heure à penfer fenfénrent. Elle lui prefcrivoit fouvent

de

de petites compofitions, pour former fon ftile ; & pour lui faciliter ce travail, elle l'obligeoit quelquefois d'écrire à fes parens.

La petite fille écrivoit avec beaucóup de facilité, & apprit de bonne heure à faire les lettres des autres, parce que fon frere, qui étoit pareffeux, & qui l'a toujours été, la prioit de faire les fiennes.

* Aubigné mourut, & mourut pauvre. Il avoit cru s'enrichir par le commerce, & il avoit été obligé de tirer fa fubfiftance d'un petit emploi militaire qu'il n'avoit obtenu qu'avec beaucoup de peine.

Sa veuve revint en France. Madame de Villette en eut pitié, & prit chez elle la fille, pour l'inftruire dans la religion calvinifte. Madame d'Aubigné, quoique zélée catolique, n'eut pas la force de réfifter à fes perfuafions.

* 1647.

sions, & Françoise n'eut pas de peine à
gouter la religion de ses peres : sa foible
raison s'ouvrit à toutes les impressions
que sa tante lui donna ; & comme elle
étoit d'un esprit incapable d'un attachement médiocre, elle aima l'erreur
avec passion.

Sa mere s'apperçut trop tard, qu'elle
avoit mis le salut de sa fille en danger ;
mais enfin elle s'en apperçut. Elle crut
qu'il seroit aisé d'effacer ces premieres
traces, mais elles s'étoient gravées
trop profondément ; & la petite hérétique avoit en obstination ce qui lui
manquoit en lumieres.

Sa mere aiant voulu un jour la mener
à l'eglise, elle refusa opiniâtrément :
vous ne m'aimez donc pas, lui dit
Madame d'Aubigné ! je vous aime de
tout mon cœur, lui répondit l'enfant
bien instruite : mais j'aime encore plus
mon Dieu. Il fallut pourtant, qu'elle
la suivit à la messe, mais aiant tourné

dos à l'autel, & reçu un soufflet de sa mere, elle lui présenta l'autre jouë: frappez, lui dît-elle, il est beau de souffrir pour sa religion.

Madame d'Aubigné voulut retirer sa fille des mains de Madame de Villette: celle-ci n'y voulut jamais consentir. Elle prit d'abord des prétextes, & donna ensuite un refus.

* Madame de Neuillant, mere de la duchesse de Navailles & parente de Madame d'Aubigné, sollicita un ordre de la cour, qui la chargea de son éducation.

Elle n'oublia rien pour l'instruire dans la religion catolique: mais toutes ses leçons n'aboutirent, qu'à lui faire voir que Mademoiselle d'Aubigné avoit beaucoup d'entêtement, & auroit un jour beaucoup d'esprit. Madame de Neuillant, piquée de cette résistance, crut qu'il valoit mieux l'humilier que raison-

* 1648.

raiſonner avec elle. Elle retrancha ſes
careſſes, & la traita avec la plus grande
dureté. Elle la confondit avec ſes
domeſtiques, & la chargea du ſoin
de la baſſe cour. Madame de Maintenon diſoit ſouvent, que c'étoit par
ce gouvernement qu'elle avoit commencé, & qu'elle avoit gardé les
dindons.

Un jeune païſan oſa l'aimer. Elle
ſe prévalut de cette paſſion pour écrire
à Madame de Villette, qui la forti-
fioit dans ſes principes. Ce jeune homme lui aiant déclaré ſon amour, Mademoiſelle d'Aubigné, qui ne ſe ſen-
toit pas faite pour l'aviliſſement où on
la tenoit, en avertit Madame de
Neuillant, qui craignit, que ſa parente
avec l'état & la candeur des bergeres
n'en eut un jour la fragilité.

Ella la mena donc au couvent des
Urſulines de Niort : & Madame de
Vil-

Villette confentit d'y païer fa penfion:
car Madame de Neuillant vouloit bien
avoir la gloire de la convertir, pourvu
qu'il ne lui en coutât rien.

Ces religieufes environnerent de
tant de careffes & de douceurs les
vérités catoliques, qu'elles vainquirent
fon averfion. Peu à peu, elle les aima.
Ce qui lui déplaifoit le plus, c'eft le
dogme qui exclut de la vie éternelle
tous ceux qui ne font pas dans le fein
de l'Eglife. Je me ferai catolique,
difoit-elle fouvent, pourvu qu'on ne
m'oblige pas à croire, qu'un jour ma
chere tante Villette fera damnée: condition qui prouve en même tems la
bonté de fon cœur & la juftefle de fon
efprit.

Les religieufes ne purent la guérir
de cette idée; & il fallut abfolument,
quand elle entra dans la vraie religion,
qu'on lui permit de fe réferver quel-

ques

ques places dans le ciel pour ceux de ses amis & de ses parens qui étoient dans la fausse.

Madame de Villette, qui avoit continué de fournir à son entretien, ne voulut plus payer sa pension, dès-qu'elle eut appris qu'elle s'étoit convertie. C'est ainsi que le zele de la religion étouffe dans les ames même les plus tendres les sentimens de la nature, & de l'humanité.

Les religieuses de Niort la garderent quelque tems par charité: mais on ne fait pas lon-tems le bien qu'on ne fait que pour l'amour de Dieu: leur charité se refroidît: elles auroient donné, disoient-elles, de leur sang pour la convertir; & dès-qu'elles se fut rendue à leurs desirs & à la vérité, elles n'eurent plus le nécessaire phisique à lui donner.

Elles représentérent à Madame d'Aubigné, que leur maison ne pouvoit

pas

pas nourrir des pensionaires qui ne paioient point, & la prierent de retirer sa fille, qui dailleurs étoit assez grande pour être produite dans le monde. Mademoiselle d'Aubigné rougît de ce discours, qni s'imprima si bien dans sa mémoire, qu'elle chercha toujours depuis à s'aquitter de ce qu'elle devoit à ces religieuses : quand elle entra à la cour, ce fut son premier soin : jusqu'alors, elle n'avoit jamais été en état de païer cette petite dette.

Sa mere vivoit du travail de ses mains en attendant la décision de quelques procès, qu'elle alla soliciter à Paris. Il y en avoit un, fort considérable touchant la baronie de Surineau : cette terre avoit appartenu à Constant d'Aubigné qui n'avoit pas su la conserver. Madame d'Aubigné voulut la recouvrer, & n'y réussit pas.

Elle répétoit aussi des sommes considéra-

fidérables que la cour devoit à Theodore Agrippa, qui s'étoit ruiné au
fervice de fon maître dans un tems
où les rebelles feuls s'enrichiffoient.
Le furintendant ne l'écouta pas; &
comment auroit-il écouté une femme
fans protection & fans amis?

CHAPITRE III.

Mariage de Mademoifelle d'Aubigné.

Madame d'Aubigné étoit fur le
point de retourner en Poitou,
lorfqu'un hazard fort fingulier lui
procura la connoiffance de Scaron :
Madame de Neuillant, qui logeoit
dans fon voifinage, & qui alloit le voir
quelquefois, lui parla de deux perfonnes qui avoient été lon-tems à la
Martinique. Scaron fut curieux de
les entretenir, parce qu'on lui avoit
mis en tête que l'air de l'Amérique
pourroit le guérir.

C 2

Le

Le Commandeur de Poinci lui donnoit une grande tentation & de belles espérances. Cet officier, perdu de goute, avoit retrouvé la santé à la Martinique, où l'air, les alimens, les remedes du païs lui avoient été si favorables, qu'il jouoit à la paume, montoit à cheval, alloit tous les jours à la chasse, comme s'il n'eut jamais été incommodé. Quel spectacle, quel attrait pour un malade qui regardoit la goute comme le principe de ses maux! Pour ne point aller en Amérique sans tirer tous les avantages possibles de ce voiage, il songea à former une compagnie : il fit partie avec quelques religieux, quelques marchands, & quelques beaux-esprits curieux, du nombre desquels étoit Segrais. Mais ce plan fut dérangé par Mademoiselle d'Aubigné.

Sa mere, qui avoit besoin de protection, alla sans peine dans une maison fon où elle en' pouvoit trouver dans le grand nombre des perfonnes du premier rang, de l'un & de l'autre fexe, qui la fréquentoient. Mademoifelle d'Aubigné, qui avoit une robe trop courte, rougît en entrant, fentit qu'elle rougiffoit, & pleura. Scaron fut touché de voir une jeune perfonne en larmes, & la confola par quelques faillies enjouées. Cette vifite, de bienféance & de politeffe de la part de la dame, & de curiofité de la part de Scaron, devint une liaifon férieufe.

Madame d'Aubigné mourut, & laiffa deux orphelins fans bien. Sa fille s'enferma trois mois dans une petite chambre à Niort, uniquement occupée de fa douleur. Madame de Neuillant fit entrer Aubigné page dans une grande maifon.

Mademoifelle d'Aubigné avoit lié à Paris une étroite amitié avec Made-

moi-

moiselle de Saint Hermant, à qui ses malheurs l'avoient rendu chere. Elle lui écrivoit de tems en tems, & toujours admirablement bien. Aiant mis dans une lettre quelque chose d'obligeant pour Scaron, Mademoiselle de Saint Hermant la lui montra. Comment! s'écria le poëte, voilà une fille qui cache autant son esprit que le reste des femmes cherche à le montrer. Est-ce à la Martinique qu'on apprend à écrire si bien? Il lui écrivit une lettre fort polie, lui témoigna son étonnement, & l'engagea dans un commerce dont il ne prévoioit pas les suites.

Mademoiselle d'Aubigné revint à Paris; & Madame de Neuillant la mit aux Ursulines de la ruë Saint Jacques, d'où elle la fesoit venir souvent chez elle, & continuoit à la mener chez Scaron. Ce petit homme avoit le cœur admirable; il avoit les yeux encore

meil-

meilleurs : il fut fenfible aux charmes
de la jeune perfonne : les malheurs
de fa mere qu'on ne lui diffimula
point l'attendrirent : il adora fon efprit.
Il ceffa d'être gai, dès - qu'il commença d'être amoureux ; il n'ofoit
déclarer le fentiment qui le dévoroit ;
comment un homme, auffi mal dans
fes affaires que dans fa fanté, pouvoit il prétendre à ce qu'il connoiffoit de plus fpirituel & de plus aimable?

Il eut un rival. M. de Chevreufe
fut touché des mêmes appas ; il fut
moins timide ; mais Madame de Neuillant jugeant bien, que la paffion de
ce jeune feigneur n'avoit point un
objet honnête, l'éloigna, & défendit
à fa parente de le revoir.

Scaron n'en devint que plus ref-
pectueux ; & n'ofa hazarder des propofitions qui l'auroient rendu ridicule.
Il fe dédommagea de fon filence avec
fa Mufe, & chanta fa Maitreffe fous

le

le nom de Silvie & de Cloris, avec
un férieux qui fuffiroit pour prouver
l'excès de fa paffion.

Heureufement, il apprit, que Mademoifelle d'Aubigné avoit beaucoup
à fouffrir de fa parente, qui lui fefoit
payer fes bienfaits par des manieres
dures & des reproches fréquens. Cette
découverte l'enhardît, & fe trouvant
un jour feul avec elle, il lui repréfenta combien elle étoit à plaindre
d'attendre tout de l'humanité de Madame de Neuillant qui n'en avoit pas
beaucoup, & qu'elle pouvoit perdre
bientôt. Si elle vous manquoit, lui
dit il, que deviendriez-vous? Vous
feriez en proie à l'indigence, ou réduite à une condition fervile, pire que
l'indigence. Si pour vous affurer de
quoi vivre, vous voulez vous faire
religieufe, je vous offre de payer
votre dot. Si vous voulez vous marier, je ne puis vous offrir que ma
for-

fortune qui eſt très médiocre, & ma figure qui eſt très laide. Mais faites réflexion, qu'il faut que je vous eſtime beaucoup, puiſque vous me faites ſonger au mariage.

Mademoiſelle d'Aubigné répondit, qu'elle accepteroit volontiers le parti qui la mettroit en état de lui témoigner par ſes ſoins toute ſa reconnoiſſance, pourvu que Madame de Neuillant y conſentit.

Scaron demanda le ſoir même l'agrément de cette dame qui le donna ſans peine pour en être délivrée. La ſeule difficulté qu'elle fit roula ſur la grande jeuneſſe de la demoiſelle; & il fut réſolu que le mariage ne ſe célébreroit que dans deux ans.

Il lui falloit une grande force d'eſprit pour ſe réſoudre à épouſer un homme, perclus de tous ſes membres, ſans biens, mais du reſte dont l'alliance n'avoit rien de deſhonorant.

C 5

Paul

Paul Scaron étoit de l'ancienne famille des Scarons, famille de robe, illustrée par de grandes alliances. Son oncle étoit évêque de Grenoble, & son pere conseiller au parlement de Paris. Il étoit né dans d'assez heureuses conjonctures pour espérer une vie agréable & très differente de celle où il fut réduit : il devoit hériter de vingt mille livres de rente. Le premier coup que lui porta la fortune, ce fut la mort de sa mere. Le conseiller se lassa bientôt du veuvage, & épousa en secondes nôces Françoise de Plaix de laquelle il eut trois enfans. Cette seconde femme profita de la foiblesse de son mari, qui étoit le meilleur homme du monde, mais qui n'étoit pas le meilleur pere. Elle persécuta de bonne heure les enfans du premier lit, dénatura une partie du bien, & prit ses mesures pour s'approprier le reste.

Le

Le jeune Scaron, haï de son in-
juste marâtre, sacrifié par son pere à
la paix de la maison, prit le petit
collet, mais ne s'engagea point dans les
ordres eccléfiaftiques. Petit, mais bien
fait, plein de vivacité & de feu, d'une
plaifanterie inépuifable dans la converfation ; il logeoit au marais,
quartier toujours peuplé de familles
aifées, dont la vie commode fe paffoit
dans les amufemens d'une ingé-
nieufe oifiveté. Il s'y tenoit des af-
femblées, il s'y formoit des coteries,
où un abbé de belle humeur & d'une
famille eftimée ne pouvoit manquer
d'être admis & de plaire.

Il regnoit alors un certain tour
d'efprit, plein d'enjoument, qui
prenoit diverfes nuances felon le plus
ou le moins de délicateffe des perfonnes qui compofoient ces fociétes, dont
toujours la grande affaire étoit le
plaifir. Quelques dames, comme la

fameufe Marion de Lorme, la Comteffe de la Suze, l'immortelle Ninon
de Lenclos avoient toujours chez elles
une nombreufe compagnie que leurs
charmes y attiroient. On y avoit de
l'efprit, un gout exquis, une morale
voluptueufe, un épicuréifme raifonné :
on y fefoit des foupers fins ; on en
éloignoit avec foin la tracafferie. C'eft
dans cette école, que Chapelle, Saint
Evremond, Voiture, Sarrazin s'étoient
formez. L'abbé Scaron ne put guére
prendre l'efprit de fon état dans un
pareil féminaire : auffi ne l'eut-il
jamais : fon temperament s'y oppofoit
en lui montrant dans tous les objets
le côté le plus plaifant. Des maladies
longues & douloureufes ne le rame-
nerent point à des réflexions férieufes:
elles ne firent que lui donner matiere
à un badinage, dont un bel-efprit
bien fain feroit à peine capable.

Un jeune homme de cette humeur,
fans

sans sobrieté, sans tempérance, avide de plaisirs de toute espece, vecut fort vite. Jusqu'à vingt-sept ans, il s'étoit bien porté & avoit été assez bien fait, écrit-il à Marigni, pour mériter les respects des Boisroberts de son tems. Mais les veilles, la bonne chere, les femmes lui ôterent ces jambes qui avoient bien dansé, ces mains qui avoient sçu peindre & jouer du lut, enfin un corps très adroit. Une limphe âcre se jetta sur ses nerfs, & se joua de tout le savoir des médecins. La sciatique, le rhumatisme, la goutte, & plusieurs autres maladies arriverent tantôt successivement, tantôt ensemble, & firent du pauvre abbé un racourci de la misere humaine. Il ne pût plus fréquenter ces réduits agréables, où des conversations vives qu'il avoit souvent animées par ses bons mots & par ses saillies auroient u servir d'intermede à ses douleurs.

B

Il s'en confola en jettant fnr le papier
les penfées grotefques, fouvent naïves,
que fon efprit fupérieur à tous fes
maux lui fuggéroit: par là il fe fit ce
ftile que tant d'auteurs ont tâché d'i-
miter & qu'aucun n'a pu bien faifir
après lui.

Anne d'Autriche avoit à fa cour
un certain nombre de demoifelles
aimables, non feulement par les agrément de leur perfonne, mais encore
par un air de coquetterie qui n'étoit
guére que dans l'efprit. C'étoit le ton
de cette cour. Gombaut, Voiture,
Benferade y avoient mis à la mode la
poëfie galante ; & les filles de la reine
étoient ordinairement les divinités de
ces beaux-efprits. Scaron qui en avoit
connu une au marais les connut toutes , & fut furtout protégé par Mademoifelle de Hautefort, qui parla de
lui à la reine, & fi avantageufement,
qu'elle eut la curiofité de le voir.

L'a-

L'abbé Scaron étoit affez malheureux par la perte de fa fanté: la fortune ne s'en tint pas là. Son pere
par un zele imprudent fe mit d'une
partie faite entre quelques confeillers
pour traverfer au parlement certains
projets que Richelieu avoit fort à
cœur. Il harangua vigoureufement
contre un édit dont la cour preffoit
l'enrégîtrement. On n'offenfoit pas
impunément Richelieu* : il exila le
vieux Scaron en Touraine. L'abbé
fe garda bien de fe préfenter à ce Mini-
ftre

* *O mil écus par malheur retranchez,*
Que vous pouviez m'épargner de péchés!
Quand un valet me dit tremblant & bave;
Nous n'avons plus de buches dans la cave,
Que pour aller jufqu'à demain matin,
Je pefte alors fur mon chien de deftin,
Sur le grand froid, fur le bois de la greve,
Qu'on vend fi cher, & qui fi tôt s'acheve:
Je jure alors, & même je médi
De l'action de mon pere étourdi

Quand

ftre lorfque fa colere étoit encore dans fa premiere vivacité ; il lui laiffa le tems de s'amortir ; mais quand il vit la cour dans fes intérêts, il crut pouvoir hazarder une requête au Cardinal. Il le flatta, lui plut, & l'auroit fléchi, fi la mort de Richelieu qui arriva un mois après n'eut fait évanouir fes efpérances.

L'infortuné vieillard mourut en exil. Son fils devoit recueillir un héritage confidérable ; mais la chicane s'en mêla ; les procès commencerent ; il plaida burlefquement une caufe, où il s'agiffoit de tout fon bien, & fongea plus à faire rire fes juges qu'à les convaincre.

Ma-

Quand fans fonger à ce qu'il alloit faire
Il m'ébaucha fous un aftre contraire,
Et m'acheva par un difcours maudit
Qu'il fit depuis fur un certain édit:
Mais n'en déplaife à fa catonnerie,
Il fut Caton avec trop de furie.

Epitre à Pelliffon.

Mademoiselle de Hautefort, son amie, engagea de nouveau la régente à le voir. Il lui demanda la permiſſion d'être ſon malade en titre d'office; elle ſourît, & lui accorda cette charge. Il ſollicita une abbaïe : on le le refuſa ſous prétexte qu'il n'étoit en état de faire aucun ſervice ; ce fut à cette occaſion qu'il dît, qu'il voudroit avoir un bénéfice ſimple, mais ſi ſimple, ſi ſimple, qu'il ne fallut que croire en Dieu pour le deſſervir.

Il tâcha de rendre utile ſa qualité de Malade de la Reine, de laquelle il prétendoit être officier. Il loüa Mazarin, qui lui obtint une penſion de cinq cens écus, dont il fut très mal paié. Il compoſa ſon Typhon, le lui dédia, & lui en préſenta un exemplaire. Un auteur, qui n'eſt pas riche, ne pardonne guere le mauvais ſuccès d'une dédicace. Il ſupprima le ſonnet, & lui en ſubſtitua

un

un autre, fort fatirique. Il s'attacha au prince de Condé dont il célébra les victoires, & au coadjuteur de Retz auquel il dedia la premiere partie du roman comique, le feul de fes livres qui ne mourra point. Sa maifon étoit fréquentée par tout ce qu'il y avoit de plus diftingué ; & cet archevêque alloit le voir fouvent pour s'aiguifer l'efprit, & fe couchoit auprès de lui fur fon petit lit jaune pour y parler d'autre chofe que de la fronde.

Scaron, en dédiant, ménageoit deux fortes de fecours, des protecteurs pour l'avenir, & de l'argent pour le préfent. Il en avoit befoin pour foutenir fa maifon fur le pié où il l'avoit mife. La compagnie qui venoit chez lui étoit nombreufe quoique choifie : le coadjuteur y raffembloit les factieux ; les beaux-efprits y venoient comme à une académie ; les jeunes gens y étoient attirez par la coquetterie de fes fœurs.

Sca-

Scaron n'étoit pas muet dans ces assemblées. Il aimoit la satire. Il haïssoit le ministre. L'exemple l'encourageoit. Le burlesque étoit à la mode. Les bons mots couloient de source. On vit pleuvoir de tous côtés des vers contre le Mazarin. Ce cardinal lisoit toutes ces piéces, les apprécioit comme si quelque autre en avoit été l'objet, les louoit, en rioit quand elles étoient ingénieuses, en cela, mais en cela seul à la verité, bien superieur à Richelieu trop sensible à la satire. Son indifférence l'abandonna quand il vit la Mazarinade. Les autres pieces l'avoient à peine effleuré : celle-ci le piqua par l'endroit le plus sensible: on lui rappelloit tous les crimes qu'il avoit commis & tous les affronts qu'il avoit reçus. Mazarin s'en vengea, en supprimant la pension de l'auteur. J'aurois voulu, dit Scaron, me supprimer moi-même. Envain demanda - t'il grace à la

rei-

reine, au cardinal ; elle ne fut point rétablie : il fut obligé de recourir à Fouquet, le Mécene des gens de lettres, & Mécene qui en recompenfant leurs travaux n'écrafoit pas leur amour propre.

Le théatre, qui commençoit alors à être le patrimoine des poëtes indigens, le dédommagea de la perte de fa penfion. Jodelet, Dom Japhet eurent un fuccès prodigieux, fuccès qui fait bien plus d'honneur à l'auteur qu'à fon fiécle.

Ses parens qui lui avoient contefté fon bien quand ils le croioient fans appui lui en rendirent une partie quand ils le virent protégé. Une prébende dans le diocefe du Mans acheva de pourvoir à fes befoins : fes ouvrages lui produifoient un affez bon revenu qu'il appelloit fon marquifat de Quinet ; c'eft le nom du libraire qui les imprimoit.

Il

Il logeoit à la rue Saint Louis : son appartement étoit élégamment meublé : on l'alloit voir d'abord comme une rareté, comme un homme singulier ; on revenoit le voir comme un homme aimable : & ce qu'il y avoit de plus grand à la cour grimpoit sans peine à un troisieme étage, où l'on trouvoit un homme plein d'esprit, d'enjouement, & d'infirmités.

Sa tête toujours panchée sur son estomac, ses jambes toujours pliées, parce qu'il ne pouvoit dresser les genoux à cause d'un retirement de nerfs, lui donnoient à la lettre la forme d'un Z. Il écrivoit sur ses genoux, ou sur une planche appuiée sur deux bras de fer attachez à son fauteuil.

Mille gens se sont figurez, qu'il étoit véritablement cul-de-jatte, tel que nous en voions dans les places publiques, & à la porte des églises. Il y a eu des portraits, où il étoit

repréſenté de face aiant les jambes
rangées autour d'une jatte de bois
dans laquelle le bas de ſon corps étoit
enchaſſé, ou même ſans cuiſſes abſo-
lument. Le tout étoit poſé ſur une
table. Au deſſus de ſa tête, étoit une
ficelle à laquelle pendoit à plomb un
bonnet qu'il ôtoit en baiſſant la tête,
& qu'il remettoit en ſe plaçant per-
pendiculairement deſſous, & le laiſ-
ſant retomber par le moien de la
ficelle, qui étoit paſſée dans une
poulie. Il n'ignoroit pas ces plaiſanteries, & il s'en eſt diverti le premier
dans le portrait qu'il a fait de lui-
même.

Les deſagrémens de ſon corps étoient rachetez par les qualités de ſon
ame. Il avoit le cœur capable de
tendreſſe, une imagination vive qui
lui peignoit tout en groteſque, un
fonds inépuiſable d'enjoument, beaucoup de patience dans ſes maux &

de fermeté dans ſes douleurs. Il
ſavoit être pauvre ſans chagrin, malade avec gaité, ſatirique ſans malice,
pareſſeux ſans négliger ſes intérêts,
colere ſans rancune.

Tel étoit le mari qu'accepta Mademoiſelle d'Aubigné, âgée de quinze
ans. Scaron ne fongea qu'à abréger
le terme dont il étoit convenu avec
Madame de Neuillant : & celle-ci
lui fit grace d'une année.

Mademoiſelle d'Aubigné fit connoiſſance avec Mademoiſelle de Lenclos :
elles n'avoient pas le même caractere,
ni le même eſprit. L'une étoit toujours enjouée, l'autre panchoit vers
le férieux. Ninon n'aimoit que le
plaiſir, Mademoiſelle d'Aubigné aimoit
le plaiſir & la vertu. Cependant elles s'aimerent tendrement : elles n'eurent bientôt qu'un même lit.

M. de Villarçeaux, l'homme de
la cour le plus aimable & le plus
bril-

brillant, aimoit Ninon, & en étoit aimé avec une constance qui étonnoit tous ceux qui connoissoient le sistême de coquetterie, & de volupté que Ninon s'étoit fait. Mademoiselle d'Aubigné aussi belle & plus jeune, le rendit infidele. Ninon pardonna cette perfidie à son amant, cette trahison à son amie, & voulut être leur confidente. Elle apprit, que Mademoiselle d'Aubigné n'avoit pas le cœur aussi sensible qu'elle, & que Villarceaux étoit fort pressant, & fort peu écouté; piquée de cette indifférence qui étoit un reproche tacite de son attachement, elle se joignit à Villarceaux, n'oublia rien pour le faire aimer, y employa toutes les ressources d'un esprit fécond en intrigues. Mais elle ne put lui arracher un sentiment, un coup d'œil pour l'homme qu'elle adoroit: elle eut le desagrément de voir qu'on pouvoit être très digne de fixer le cœur de la

vo-

volage Ninon fans être digne d'un regard de la vertueuse Aubigné.

Cependant Scaron attendoit avec impatience le moment d'un bonheur dont il ne pouvoit guere jouir. Son mariage le privoit de fon canonicat du Mans. Ménage, fon ami, avoit un valet de chambre, réfolu de prendre le petit collet; Scaron lui réfigna fon bénéfice pour la fomme de mille écus. Trafic fimoniaque, à la vérité, mais pardonnable en ce tems là, où un cardinal avide vendoit publiquement tous les bénéfices qui étoient à la nomination de la cour.

Il ne renonçoit pas au voiage de la Martinique : il comptoit toujours d'y recouvrer la fanté, & regardoit cette efpece de refurrection comme un acheminement aux douceurs qu'il fe promettoit de fon mariage. Ce fut même dans la vue de fe procurer de fi grands biens, qu'il plaça mille

écus

écus dans la compagnie de Cayenne, qu'il négocia son bénéfice, & qu'il vendit une petite terre qu'il avoit près d'Amboise.

Heureusement pour lui, cette terre étoit à la bienséance de M. Nublé, avocat au parlement. Le marché fut fait à dix-huit-mille livres. Le contrat passé, & l'argent reçu, Nublé alla sur les lieux, & trouva la terre beaucoup plus belle qu'il n'avoit cru en l'achetant. Il la fit estimer; elle fut évaluée vingt-quatre-mille livres. Qui ne se seroit félicité de l'aquisition? L'avocat revient à Paris, va voir Scaron : vous avez cru, lui dit-il, que votre terre ne valoit que dix-huit-mille francs : elle en vaut six-mille de plus, que voilà. Je me reprocherois de profiter de votre erreur. Je rapporte ce fait, parce qu'il est d'une probité délicate qui n'est point de notre siécle. Les Grecs &

les Romains ne l'auroient pas laissé tomber dans l'oubli.

Scaron exigea, que Mademoiselle d'Aubigné abjurât en forme les erreurs de ses peres, quoiqu'elle y eut déjà renoncé à Niort. Il voulut sans doute se donner la gloire de convertisseur auprès des personnes pieuses qui lui pouvoient être utiles.

Leur mariage se fit en 1651. Quelques jours avant, il disoit à un de ses amis : je ne lui ferai point de sottises ; mais-je lui en apprendrai beaucoup. Il n'avoit alors de mouvement libre que celui des yeux, de la langue, & de la main. Mademoiselle d'Aubigné fut plutot sa compagne que son épouse.

CHAPITRE IV.

Depuis l'année 1651. jusqu'à 1660.

LA maison de Scaron étoit le rendez-vous de la bonne compagnie : sa femme ne l'éloigna pas. Elle avoit au suprême degré le don de la conversation. On briguoit à l'envi l'honneur d'être de sa cour. Et l'on fesoit dire tous les jours aux princes, ducs, & officiers de la couronne qu'on ne voioit personne *.

Vivonne, Mata, Grammont, Chatillon, Charleval, Marigni, Du Rincy, Mioffens, Elbenne s'y rendoient assidûment, & parmi les femmes Madame de Martel, Mademoiselle de Scuderi, Madame de Coulanges, Mademoiselle Bocquet, la comtesse de la Suze, la marquise de Sevigné, la duchesse de Chevreuse. Les Turrennes y étoient avec les Mignards. L'homme de robe venoit s'y délasser de ses travaux, l'homme de lettres venoit y perdre l'air sauvage du cabinet, l'homme de cour y desapprendre la fatuité, y oublier la perfidie.

Sca-

* V. Lett. de Scaron à M. de Villette.

Scaron aimoit la bonne chere: il se fesoit chez lui de petits soupers, où dominoit une gaité douce & vive. C'étoit la table de France, où l'on disoit le plus de ces folies, sans lesquelles toute conversation doit périr à la longue. Chacun ordonnoit son plat, & c'étoient des repas à piéces rapportées.

Le ton de ces piquinis étoit extrémement libre: c'étoit le gout du maitre de la maison. Sa femme par son air de vertu & de modestie sut si bien imposer aux jeunes seigneurs que tout changea. Elle eut beaucoup à souffrir du stile licentieux de son mari. Il étoit agréable & divertissant en toutes choses, même dans les chagrins & dans la colere, parce que tout ce qu'il y avoit de burlesque sur chaque chose se présentant à son esprit, il exprimoit avec la vitesse d'un éclair tout ce que son imagination toujours

ar-

ardente, toujours naïve lüi représen-
toit. Mais il étoit extrémement libre
dans ses paroles & sale dans ses récits,
jurant le nom de Dieu, & peignant
tout avec les couleurs les plus ciniques.
La pieté, la pudeur de Madame Scaron ne se fit point à ce langage. Elle
entreprit de l'en corriger ; elle y réus-
fit en partie ; mais il lüi en restoit
encore assez pour allarmer les oreilles
délicates, & pour faire frémir un
cœur pur.

Un jour que son mari racontoit à
ses amis les mesures qu'il avoit prises
pour arranger ses affaires, Segrais,
qui étoit de la compagnie, lui dît,
que ce n'étoit pas assez de s'être marié,
qu'il falloit avoir au moins un enfant :
& là dessus, il lui demanda s'il croioit
être en état de le faire. Est-ce, lui
répondît-il en riant, que vous pré-
tendez me faire ce plaisir-là ? j'ai ici,
ajouta-t'il, Maugin, qui me rendra

ce

ce service à point nommé. Ce Maugin étoit son valet de chambre, bon garçon, fait à son badinage. Maugin, lui dit-il en présence de la compagnie, ne feras-tu pas bien un enfant à ma femme? Oui-dà, Monsieur, lui répondit Maugin avec un air de simplicité, oui-dà, s'il plait à Dieu. Cette scene fit bien rire ceux qui étoient présens. Scaron la trouva si plaisante, qu'il la fit répéter souvent.

Qu'on juge par ce trait de tous les desagrémens que sa délicatesse avoit à essuier. A chaque instant ses oreilles étoient frappées de sons obscenes; & la modestie n'étoit pas plus respectée dans sa maison que dans ces lieux impurs où la débauche infecte toutes les paroles. Je veux, lui disoit-il, que vous soiez aussi insensible qu'une Lacédemonienne; vous ne pouvez être défendue par moi; il faut que vous le soiez par l'honnêteté publique.

Ma-

Madame Scaron , quoique dans l'âge où l'on n'aime qu'à rire, voioit avec une déplaisir secret que c'étoit là l'unique occupation de son mari. Naturellement sérieuse, elle étoit blessée d'un enjoument qui lui paroissoit souvent déplacé. Cet enjoument étoit trop fréquent pour n'être pas dégoutant ; c'étoit plutot l'enjoument d'un arlequin que celui d'un honnete homme. Ce ton goguenard & burlesque le fesoit aimer, & en même tems l'avilissoit : il n'étoit pas possible qu'on ne le regardât plutot comme un homme amusant que comme un homme estimable. Et comment respecteroit-on quelquun qui ne se respecte pas soi-même ?

Elle craignoit sur toutes choses le mépris ; elle craignoit qu'il ne rejaillît sur elle une partie de celui qu'on prenoit nécessairement pour Scaron. Celui-ci songeoit à plaire par sa gaieté ;
elle

elle ne songea qu'à plaire par sa modestie; attentive à toutes ses paroles,
elle veilloit sur toutes ses actions, &
sembloit n'être occupée que du soin
de réparer, ou de prévenir les torts que
lui fesoit l'humeur de son mari. Simple,
naturelle, sans fard avec les personnes dont elle étoit sure, elle prenoit
un air de gravité & de grandeur,
admirablement bien soutenu par la
majesté de sa figure, avec les personnes qu'elle ne connoissoit que super
ficiellement. Toujours renfermée
dans les bornes étroites d'une décence
sévere, elle ne permettoit pas la moin-
dre familiarité à ses meilleurs amis; elle
savoit que la familiarité la plus innocente est le fléau du respect & le poi-
son lent de l'amitié.

Sa passion dominante étoit l'amour
de la gloire; pétrie de vanité, aussi
avide d'estime que son mari l'étoit peu,
plus charmée de regner par sa vertu

que

que de plaire par sa beauté, s'élevant au dessus de tous ces objets de frivolité qui semblent être l'apanage de son sexe plutôt par amour propre que par principes, elle cherchoit à se distinguer & à se faire une réputation. Dans les repas qu'on fesoit chez elle, elle observoit avec régularité les jours maigres & les jeûnes. Pendant le carême elle ne mangeoit que des feves & des harangs, tandis que Scaron & ses convives se livroient aux plaisirs d'une chere délicate, recherchoient les ragouts les plus fins, & fesoient mousser le champagne. Je n'étois pas assez heureuse, disoit-elle depuis, d'agir alors uniquement pour Dieu; mais je voulois être estimée: l'envie de me faire un nom étoit ma passion: personne ne l'a portée si loin: cette ambition me fesoit souffrir le martire par une infinité de contraintes; & c'est peut-être dans sa colere que Dieu m'a

m'a accordé ce que je souhaitois : j'ai
voulu des louanges & des honneurs ;
il m'en a raffafiée. Sa pieté qui n'étoit
d'abord qu'un fentiment fuperficiel de
vanité devint infenfiblement un goût
vrai & profond. Quand on remplit
fes devoirs fans en connoitre l'étendue
& la neceffité, on s'y attache aifément,
on les aime, on les remplit avec joie,
dès-qu'on les connoit.

Elle avoit befoin de toute fa vertu
pour foutenir les defagrémens de fon
état. Scaron avoit pris chez lui fes
deux fœurs du premier lit. La cadette
avoit de l'efprit & de la beauté. Sa
coquetterie attiroit les jeunes gens de
la cour les plus aimables & les plus
dangereux. Envain Madame Scaron
l'exhorta - t'elle à la fageffe par fes
difcours & par fon exemple ; le penchant fut plus fort : les intrigues con-
tinuerent : & le duc de Trêmes fut
heureux. Scaron n'ignoroit pas la
paf.

passion de sa sœur : & tandis que sa femme en gémissoit, il étoit le premier à en badiner. Quelquun qui savoit que M. de Trêmes venoit le voir souvent, & qui cherchoit une protection auprés de ce seigneur, entra chez Scaron, & le pria de le servir. Scaron lui dît tout rondement : vous vous méprenez ; ce n'est pas moi à qui il faut vous addresser : Voiez ma sœur qui est là haut : elle est plus puissante que moi. Cette inclination passa la galanterie ordinaire ; il en vint un fils qui fut bâtisé sous le nom d'Estrumel. Le duc de Trêmes n'en fut que plus amoureux ; & sa passion pour la mere dura jusqu'à la fin de ses jours : Scaron appelloit ce petit enfant son neveu, & malgré toutes les mesures de sa femme pour cacher ce commerce, il le rendit public. Ce neveu quitta dans la suite le nom d'Estrumel pour prendre celui de Fontenai. Il

épou-

époufa Anne de Thibourt, d'une noble & ancienne famille. Il fut écuier de Madame de Maintenon, & eut deux filles qu'elle plaça dans faint Cyr.

Un hazard fingulier fournît à Madame Scaron une occafion de montrer fon humanité envers une demoifelle que fon mari avoit tendrement aimée dans fa jeuneffe. Cette fille s'appelloit Célefte de Palaifeau. Elle lui avoit été infidele, & l'avoit quitté pour un homme riche, qui lui avoit promis de l'époufer. Mademoifelle de Palaifeau fe rendit aux defirs de fon amant, qui s'en dégouta prefque auffi vite qu'il s'en étoit épris. Elle exigea qu'il remplît fa promeffe : il refufa. L'affaire fit du bruit. Madame Scaron employa fes amis : ils ne purent rien obtenir. Elle ne fe rebuta pas, & fit agir Vardes & Souvré, qui terminerent tout en engageant l'amant à donner à fa maitreffe qua-

rante

rante mille livres. Elle donna des conseils utiles à cette personne infortunée, lui inspira le gout de la retraite, & l'obligea d'aller pleurer ses fautes dans le couvent de la conception. Les religieuses qui bâtissoient alors, reçurent avec joie une novice qui leur offroit une dot si considérable & si nécessaire. Mais elles ne purent pas se modérer, & firent tant de dépenses en bâtimens, qu'elles furent réduites à faire banqueroute. Le couvent fut abandonné aux créanciers: les religieuses allerent deux à deux se réfugier où elles purent. Mademoiselle de Palaiseau se souvint de la tendresse de Scaron ; & ce souvenir qui dans les régles d'une morale étroite & févere auroit dû engager la dame à le fuir fut justement ce qui l'encouragea à le chercher. Madame Scaron la reçut avec sa compagne & la retira chez elle, jusqu'à ce que par le crédit de

ses

fes amis elle lui eut procuré un prieuré de deux mille livres de rente.
Mais cette fille étoit deftinée à mourir
de faim, à la lettre. Elle eut la foi-
bleffe de réfigner fon prieuré à une de
fes amies qui ne prit aucun foin d'elle,
& qui la voiant malade la laiffa mourir,
faute de médecins & d'une nourriture
propre à fa fanté.

Tout ce qu'il y avoit de beaux-
efprits diftinguez à Paris s'empreffoit
à être admis à la fociété de Scaron.
Ils trouvoient chez lui les courtifans
les plus accrédités, & ils voïoient en
lui un homme du métier qui n'étoit
point leur rival. Scaron n'étoit en
concurrence avec perfonne ; il avoit
un efprit qui n'étoit qu'à lui : on ne
fongeoit pas à le copier ; il n'excitoit
point l'envie, parce que le caractere
de fes ouvrages produifoit la furprife,
& ne produifoit pas l'admiration. Ménage, Pelliffon, Sarrafin, Des Yve-
teaux,

teaux, La Menardiere, Henault, Segrais, l'abbé de Franquetot, Montreuil, La Sabliere, l'abbé Testu étoient ceux avec qui il étoit le plus lié. Dans ces petites assemblées, on agitoit sans pédanterie & sans entêtement des questions de philosophie, de morale, de littérature, & l'on y caffoit souvent les arrêts de l'académie: on n'y differtoit point sur les modes, comme dans les autres sociétés; on n'y analifoit pas le sentiment comme à l'hotel de Rambouillet: on y parloit bon fens, on y jugeoit des ouvrages du jour: Scaron y lifoit les fiens. C'eft ce qu'il appelloit effaïer fes livres.

Madame Scaron avoit les plus heureux talens du monde, l'expreffion aifée & jufte, les idées vives, le raifonnement folide, le gout fin: qu'on juge des progrès qu'elle fit à cette école. Elle devint en peu de tems l'admiration de fes mai-

maitres mêmes; plus on avoit d'esprit, plus on lui en trouvoit. C'est ainsi que sans y penser elle jettoit les fondemens de cette fortune éclatante que le génie devoit porter au plus haut degré.

A mesure qu'elle se perfectionnoit le goût, elle aquéroit insensiblement une espece d'empire sur les ouvrages de son mari. Elle les censuroit avec sévérité; & il se soumettoit toujours avec plaisir à ses lumieres. Aussi ce qu'il fit depuis son mariage est-il plus correct, plus mesuré, plus aimable, que ce qu'il avoit composé avant cette époque. Tels sont les derniers livres du Virgile travesti, la suite du roman comique *, Léandre & Hero, ouvrages postérieurs à l'an 1651.

Après avoir pris de l'ascendant sur son esprit, il lui fut facile d'en prendre

F   dre

---

* Quelqu'un a fait sur ce livre La prédiction suivante :

Canescet sœclis innumerabilibus.

dre sur son cœur: elle réforma ses mœurs avec autant de succès qu'elle corrigeoit ses écrits. Elle sut l'habituer à une décence qui sans nuire au fonds de son enjoûment en adoucissoit les traits. Quand elle le voioit en humeur de passer les bornes de la modestie, ou qu'elle avoit un monde qui ne lui convenoit pas, elle se déroboit quelques instans à son esclavage, & alloit faire quelques visites *.

Scaron vivoit avec trop peu d'économie pour ne pas ébrécher son capital:

* *Outre l'hiver dont je suis ruiné,*
Je suis souvent de sots environné,
Mauvais plaisans, plus froids que de la neige,
Enfin plus froids que toute la Norvege:
Ma femme alors me laisse en un danger,
Qu'elle devroit avec moi partager,
Prend son manchon, & va voir quelque amie,
Mais quand je suis en bonne compagnie,
Toi, par exemple, ou d'Elbene, ou Riucy,
La dame alors n'en use pas ainsi.

Epit. à Pellisson.

tal : & ce capital n'étoit pas affez confidérable pour être lon-tems ébréché.
Il fut bientot réduit à quelques rentes
viageres. Le gout qu'il avoit pris
pour le téâtre ne l'avoit point enrichi.
Le produit de fes livres n'éteignoit
que quelques dettes, & ne fournif-
foit qu'aux befoins les plus preffans.
C'étoient tous les jours de nouveaux
embarras ; & Madame Scaron a cent
fois été réduite à mettre fes nippes en
gage pour avoir du pain ou du bois.
Des livres, des vers, des bons mots,
des flatteries, des dédicaces, voilà le
fonds fur lequel fa fubfiftance étoit af-
furée. Pauvre fans baffeffe, malheu-
reufe avec fermeté, on ne l'entendit
jamais fe plaindre de fon fort, ni
murmurer contre fon mari : elle avoit
de bonne heure formé fon ame à ce vrai
courage, qui confifte à favoir fouffrir.

Scaron demandoit avec effronterie

                des

des gratifications à ſes ſupérieurs. Sa femme dont le grand cœur n'en con-noiſſoit point gémiſſoit de ces ſecours humilians : faite pour donner, obligée de recevoir.

Scaron laſſa ſes amis, & ſes pro-tecteurs. On rioit de ſes ſaillies, on eſtimoit ſon caractere, on plaignoit ſon infortune, rarement on la ſoulageoit. On ne croioit pas ſérieuſe une miſere qui lui fourniſſoit des epigrammes qui l'étoient ſi peu : on ne croioit pas qu'il fut poſſible à un malheureux de s'amuſer aux dépens de ſon malheur ; & les courtiſans n'avoient garde de ſoupçoner qu'un homme qu'ils voio-ient le ſoir ſi guai ſe plaignit toute la matinée de n'avoir pas dequoi acheter de l'encre ni du papier.

Madame Scaron n'étoit occupée qu'à ſolliciter des bienfaits & des penſions, ou à adoucir des créanciers. Cependant elle eut aſſez de crédit pour

faire

faire ériger en marquifat une terre de M. de Circe fon coufin.

Une charge d'hiftoriographe de France vint à vaquer. Scaron qui demandoit tout parce qu'il n'obtenoit rien la demanda, parce que Coftar fon ami l'avoit eue, & que la Serre en avoit le titre & les appointemens. Il auroit fait beau voir l'hiftoire de France écrite par Scaron !

Il vouloit établir quelques offices de police dont il avoit aquis la propriété : c'étoit une affaire qui pouvoit lui donner quatre ou cinq mille livres de rente. Madame Scaron alla, mais envain, folliciter le prevôt des marchands. Ces offices furent fupprimez, & fes efpérances s'évanouirent.

L'année 1663 fut plus heureufe. Fouquet, procureur général, lui donna une penfion de feize cens livres. C'étoit un homme magnifique, plein de vaftes projets, ami des arts & des

plai-

plaisirs. Il étoit adoré. Il répandoit avec profusion. Il protégeoit Corneille & la Fontaine. Les talens, la beauté, les malheurs étoient des titres suffisans pour avoir part à ses bienfaits. C'est le dernier grand seigneur que la France ait eu. Sur - Intendant des finances, il sembla ne regarder ce poste que comme un moien de se livrer avec plus de liberté à son inclination bienfaisante. Femmes, beaux - esprits, officiers, malheureux, devots, princesses, tout fut à ses gages. Scaron ne fut pas oublié. Sa pension fut exactement paiée : Fouquet étoit vain à l'excès ; le poëte lui prodigua l'encens, & ne cessa de lui addresser les vers les plus insidieux. Ces vers étoient protégez par Pellisson, le commis, la créature, le bel - esprit, l'ami du Sur-Intendant, dont il fut dans la suite l'avocat & le défenseur.

Madame Fouquet, qui avoit beaucoup

coup d'efprit & de fageffe, prit en affection Madame Scaron. Elle la menoit fouvent à la campagne, à Vaux, & à Saint Mandé, où elle fe délaffoit des fatigues de la cour & des embarras de la grandeur. Madame Fouquet, difoit Scaron *, eft fi férue des attraits de ma femme, que je crains qu'il ne s'y mêle quelque chofe d'impur. Ces deux dames devoient fe convenir beaucoup; c'étoit la même douceur, les mêmes graces, le même mépris pour la bagatelle, le même attachement pour leur mari, les mêmes goûts. Leur amitié portoit fur l'exercice des mêmes vertus.

Madame Scaron en offroit aux femmes un modele bien frappant. Une foule de gens aimables lui difoient tous les jours qu'elle étoit belle; ils comptoient peu fur fon tempérament, mais beaucoup fur le dégout que devoit

* V. lett. de Scaron.

voit lui donner la maladie continuelle
de son mari. Leurs soupirs étoient
accompagnez des offres les plus sédui-
santes pour un jeune cœur. Ils virent
bientot qu'ils s'étoient mépris, &
qu'aucune considération ne pourroit
la détourner de son devoir. Le sistême de sagesse qu'elle s'étoit fait de
bonne heure fut un écueil où se bri-
serent toutes les espérances des cour-
tisans les plus téméraires & les plus
avantageux. Peu contente de se ga-
rantir de leurs piéges, elle sut les
retenir dans les bornes de l'admiration & du respect. L'air qu'on respiroit
auprès d'elle sembloit inspirer la vertu.

Elle étoit née tendre, reconnoissante, sensible : & peut-être eut-elle
à combattre les sentimens mêmes de
son cœur. Le maréchal d'Albret, homme
de beaucoup d'esprit, & fort galant *,

ne

* Ce Miossens aux maris si terrible,
  Ce Miossens à l'amour si sensible,

ne put la voir tous les jours sans l'aimer. Il lui sacrifia toutes ses maitresses.

Son amour fut aussi respectueux que tendre, aussi délicat que vif, aussi timide au dehors qu'impétueux au dedans. Me. Scaron pénétra son secret, fut touchée d'une passion si vertueuse, & permit au maréchal ces effusions de cœur, qui sont si fort au dessus des plaisirs des sens: mais c'est tout ce qu'elle lui permit. Content du titre d'ami, Albret vit qu'il ne pouvoit prétendre aux droits des amans: il aima sans espérer ; il fut aimé sans foiblesse ; il fut heureux sans crime.

Ce commerce d'une amitié vive & pure ne déplut point à Scaron. Sûr de la vertu de sa femme, parce qu'il savoit qu'elle étoit fondée sur la pieté

G

&

Mais si léger en toutes ses amours,
   Qu'il change encore, & changera toujours.
Dit Scaron dans une épitre chagrine addressée à ce seigneur.

& la réflexion, il fut leur confident:
il voioit toutes les lettres qu'ils s'écri-
voient, les admiroit, les corrigeoit.
Quand elle en recevoit quelquune de
trop sérieuse, elle disoit que le maréchal empiétoit sur ses droits; & elle
ne répondoit qu'à celles, où elle voioit du badinage & de l'enjoûment.

Je ne rapporterois point ces par-
ticularités, si le marquis de La Fare
ne disoit dans ses mémoires, que Madame de Maintenon avoit été dans sa
jeunesse la maitresse de M. d'Albret.
Calomnie inventée par des ennemis
qui ne l'avoient connue que depuis
son élévation. Le nom du marquis de
La Fare ne doit pas en imposer: son
livre est une satire : c'est l'ouvrage
d'un homme d'esprit, mais d'un homme d'esprit de mauvaise humeur.
Quel fonds peut-on faire sur les rap-
ports d'un officier mécontent, que la
cœur avoit gâté, qu'une société de
fron-

frondeurs du gouvernement gâtoit encore plus, & que son caractere rendoit incapable d'imaginer que la vertu seule eut pu être le chemin de la grandeur suprême dans un païs où il avoit été témoin de mille fortunes qui avoient été l'ouvrage de la cabale, de l'intrigue, & du vice? Le défaut d'un vieux débauché est de mal penser des femmes, surtout de celles qu'une beauté célebre a souvent exposées aux périls de la séduction. La Fare croioit toutes les dames aussi fragiles que celles qu'il voioit. Un petit-maître a besoin de se consoler de la facilité de ses conquêtes; la foiblesse des femmes le dégouteroit de la galanterie, s'il ne se persuadoit, que les femmes qui lui résistent ont leurs momens de foiblesse comme celles qui ne lui résistent pas.

Gilles Boileau, frere ainé de Despréaux, fut le seul qui osât hazarder

un

un soupçon sur sa conduite. Toute cette famille avoit un penchant invincible pour la satire. Ménage & Mademoiselle de Scuderi firent des brigues pour traverser sa réception à l'académie. Scaron ami de l'un & de l'autre y entra, & y fit entrer quelques seigneurs puissans. Gilles Boileau, académicien & vainqueur, ne pardonna point à ses ennemis; il s'en vengea par quelques épigrammes, dont une effleuroit en quelque sorte l'honneur de Madame Scaron. Il y supposoit que Scaron ne devoit qu'aux charmes de sa femme la bonne compagnie qui s'assemblait chez lui.

Voi sur quoi ton erreur se fonde,
Scaron, de croire que le monde
Te va voir pour ton entretien.
Quoi ? ne vois - tu pas, grosse bête,
Si tu gratois un peu ta tête,
Que tu le devinerois bien ?

Scaron fut vivement piqué de cette rail-
le-

lerie. Boileau nia d'en être l'auteur, &
en céda toute la gloire & le danger à
Boisrobert. Celui-ci s'en défendit.
Des personnes du premier rang leur
représenterent que Madame Scaron
ne s'étant point attiré une pareille of-
fense, & n'étant pas responsable d'a-
voir un mari du nombre des poëtes
qui sont pour la plupart fort étourdis,
les coups d'épigrammes pouvoient
avoir pour eux des suites fâcheuses.
Boileau fit prier Scaron de recevoir ses visites & ses excuses.
Madame Scaron répondit, qu'elle
n'avoit point de pardon à accorder
pour une insulte qui ne l'avoit point
blessée, que son honneur dépendoit
de sa conduite, & qu'une réputation
pure ne sauroit être flétrie par une
épigramme, que du reste elle adou-
ciroit ceux qui vouloient la venger
autrement qu'avec des bons-mots.
Scaron répondit plus crûment, qu'il

<table>
<tr><td>G 3</td><td>n'é-</td></tr>
</table>

n'étoit pas aſſez fou pour embraſſer un mâtin qui venoit de le mordre.

Boileau répara en quelque façon ſon injuſtice par un madrigal fort obligeant pour la dame & fort peu pour le mari. Il y diſoit qu'il avoit trop de connoiſſance de ce que valoit Iris pour oſer l'attaquer, & que ſon malheureux époux n'avoit rien de commun avec elle. Elle eut pu s'en louer en quelque ſorte, ſi Scaron n'eut eu à s'en plaindre. Celui-ci s'en vengea par quatorze épigrammes fort ameres: en voici une.

Avec Iris je n'ai rien de commun,
D'autres l'ont dit, mais c'eſt tout un;
Et j'en rirai, ſi bon m'en ſemble,
Mais ce que tout le monde & moi
Ont de commun enſemble,
C'eſt de croire auſſi vrai qu'un article de foi,
Qu'un honnête homme & toi
N'ont rien qui ſe reſſemble.

La

La réputation de Madame Scaron
étoit trop bien établie pour que cette
guerre d'épigrammes y portât atteinte.
Sorbiere qui ne paffe pas pour l'auteur
le moins médifant de fon fiécle, & qui
mourut avant fon élévation, en parle
ainfi. „ L'hiftoire du mariage de
„ Scaron ne feroit pas le plus fombre
„ endroit de fa vie. Cette belle per-
„ fonne de l'âge de feize ans, qu'il
„ fe choifit, plutôt pour fe récréer
„ la vue & pour s'entretenir avec
„ elle lorfqu'il qu'il demeureroit feul,
„ que pour aucun ufage auquel il
„ pût l'appliquer, en feroit le prin-
„ cipal ornement. L'indifpofition de
„ fon mari, mais furtout la beauté,
„ la jeuneffe, & l'efprit galant de
„ cette dame n'ont fait aucun tort à
„ fa vertu; & quoique les perfonnes
„ qui foupiroien pour elle fuffent
„ des plus riches du roiaume & de
„ la plus haute qualité, elle a mérité

G 4   l'ef-

» l'estime de tout le monde par la
» régularité de sa conduite: & on
» lui doit même cette justice, qu'elle
» s'est piquée d'une belle amitié con-
» jugale, sans en pratiquer les prin-
» cipales actions.

Voilà un témoignage, que les hon-
nêtes gens préféreront sans doute à
ces infames libelles, que l'on répandit
dans le monde pour noircir les premieres années d'une femme que son
merite & sa vertu avoient approché
du trône. Il est bien glorieux à sa
mémoire de n'avoir été attaquée que
par jalousie ou par haine pendant sa
vie, & par erreur après sa mort. Les
personnes judicieuses en ne consultant
même que les lettres de Scaron n'ont
pû se prêter aux préjugez desavanta-
geux de ses ennemis; il la nomme *

son

* _Celle par qui le ciel soulage mon malheur_
Digne d'un autre époux comme d'un sort
meilleur,

son Uranie, digne d'un meilleur sort & d'un autre époux. Il en parle partout avec estime; un mari ne tient pas ce langage sans en avoir beaucoup pour sa femme. Madame Scaron mérita & obtint celle de tous les personnes qui la connurent.

La reine Christine, qui méprisoit un sexe dont elle fesoit la gloire, la mit du petit nombre des femmes qu'elle estima à Paris. Cette princesse ne trouva dignes de sa curiosité que Mademoiselle de Lenclos, la comtesse de Bregi, & Madame Scaron, que presque toutes les princesses de France auroient jugé au dessous de leur at-

G 5

L' Uranie en un mot vous est fort obligée,
Et Scaurus qui la croit envers vous engagée
Au point de ne pouvoir jamais se dégager
Reconnoit cette dette& veut bien s'en charger.
Epitre chagrine à Mademoiselle de Scuderi qui avoit fait le portrait de M. & de Me. Scaron sous le nom de Scaurus & d'Uranie.

tention. Ménage lui présenta Scaron : je vous permets, lui dit-elle, d'être amoureux de moi : la reine de France vous a créé son Malade ; moi, je vous crée mon Roland. Vous faites bien, Madame, lui dit le poëte, de me donner ce titre, puisque je l'aurois pris ; & en me le refusant vous vous feriez vu desobéir par une personne qui ne le feroit pas en toute autre chose, quand même il y iroit de sa vie : mais, Madame, que j'aurai de rivaux & même de rivales ! En disant ces derniers mots, il ne les croioit pas aussi vrais qu'ils l'étoient en effet. Christine, en voiant Madame Scaron, la regarda fixément, & dît à la comtesse de Bregi : ne le savois-je pas bien, qu'il ne falloit pas moins qu'une reine pour rendre un homme infidelle à cette femme-là ? Elle ordonna au mari de lui écrire, & lui dît qu'elle n'étoit pas surprise,

qu'aqu'avec la plus aimable femme de Paris il fut malgré ses maux l'homme le plus gai de la France.

Madame Fouquet ne pouvoit se passer de sa societé : elle chargea Madame Bonneau de lui proposer de passer quelques mois avec elle à St. Mandé. Madame Scaron y consentit; mais son mari qui ne trouvoit d'autre consolation dans ses infirmités, d'autre ressource contre l'ennui que la conversation d'une femme qu'il adoroit s'y opposa fortement, quoique pût lui dire Madame de Monchevreuil.

De la ville sa réputation passa jusqu'a la cour. On ne parloit plus que de cette aimable personne, qui inspiroit du respect aux jeunes seigneurs les plus téméraires, quoiqu'elle leur inspirât de l'amour, & qui dans l'âge où l'on ne pense qu'à plaire n'étoit occupée qu'a servir un mari, si affreux, que les médecins défendoient

aux

aux femmes grosses de le voir. Les Mancinis voulurent l'entretenir. Celle qui aimoit le roi, & que le roi aimoit à cause de son esprit, étoit la plus curieuse : elle l'invita à venir passer quelques jours à Brouage ; mais comme elle n'imaginoit pas, qu'une dame si admirée n'eut pas dequoi faire ce voiage, Madame Scaron fut obligée de recourir pour s'en dispenser à son prétexte ordinaire de quelque indisposition *. Sca.

* „ Madame Scaron est bien malheu-
„ reuse de n'avoir pas assez de bien
„ & d'équipage , pour aller où elle
„ voudroit , quand un aussi grand bon-
„ heur lui est offert que celui d'être
„ souhaitée à Brouage par une demoi-
„ selle de Mancini,

*Riche présent du Tibre, & gloire de
la France.*

„ J'espere, qu'elle se raquittera d'une
„ si grande perte, quand la cour sera
„ retournée à Paris, & qu'aussi - tôt
qu'el-

Scaron s'avisa enfin de se faire un étab'issement solide en devenant une espece de partisan. Ses idées pour l'Amérique n'avoient pas réussi. Au lieu

„ qu'elle sera connue de cette incom-
„ parable Romaine, elle aura quelque
„ part en sa bienveillance. *Lett. à M.
de Villette.*

Rapporterai - je ici ces couplets, que Scaron fit, dit - on, contre sa femme, & dont on s'est servi depuis pour jetter des soupcons sur sa conduite? Oui : si je les supprimois, on m'accuseroit de taire les choses desavantageuses ; & la vertu de celle dont j'ecris l'histoire n'a pas besoin de ces ménagemens. Les voici donc, quelque indécens qu'ils soient.

Je vous ai donné des bijoux,
Collet, robe, & jupe ;
Enfin jamais dupe
N'a tant fait pour vous.
Monsieur votre frere
A fait de grands repas :

Vos

lieu de faire le voiage de la Martinique, il s'étoit contenté de s'intéreffer
dans les entreprifes des compagnies
de commerce. Ces entreprifes avoient manqué. Celle - ci réufsît mieux.
Aux

Vos fœurs & votre mere
Ont eu de bons ducats,
Que je ne compte pas.

Je vous ai promenée aux champs;
Souvent à ma porte,
Soit que j'entre ou forte,
Je vois vos marchands :
Pour porter à l'aife
Votre chien de C....
Tous les jours une chaife
Conte un bel écu
A moi pauvre cocu.

Ces deux couplets fi fouvent citez
ne prouvent rien. On n'en auroit jamais parlé, fi un zele indifcret, une
délicateffe mal placée ne les eut retranchez de quelques éditions des œuvres
de Scaron. Ils n'attaquent point Madame de Maintenon : car il y eft parlé
de

Aux portes de Paris, on trouvoit une foule de soldats & de gens sans aveu qui attendoient les voitures chargées de marchandises, pour se saisir du

de sœurs; & elle n'en avoit point; il y est parlé de ducats donnez à sa mere; & il est très sur, que Madame d'Aubigné n'avoit connu que fort superficiellement Scaron. Il y est parlé d'un mari qui entre & qui sort souvent: expression qu'il est difficile d'assortir avec l'immobilité de Scaron. Qu'est ce dont que ces couplets? Des plaintes que le poëte met dans la bouche d'un mari jaloux & mécontent. Malheureusement quelques traits conviennent à Madame de Maintenon; on les lui a tous appliquez. Quelques-uns même ont fait de cette chanson une épigramme, en ne citant que les cinq derniers vers. Ces vers, fussent-ils réellement addressez à Madame Scaron, ne prouveroient absolument rien à qui connoit d'un côté le caractere de l'auteur,

&

du gain qu'il y avoit à les mener chez
le marchand & à les décharger. Les
filoux s'y mêloient : il y avoit des
portes où ces gens étoient en grand
nombre , & d'autres où les chartiers
ne trouvoient perſonne. Scaron entreprit de faire un corps de gens connus , domiciliez à Paris , & pris à
ferment, qui feroient diſtribuez aux
différentes portes & autoriſez par le
magiſtrat à rendre ſeuls ce ſervice aux
marchands, qui de leur côté le reconno-
itroient par une gratification volontai-
re. Ce projet étoit bon ; il fut pourtant
agréé. Il ſe mit donc à la tête de cette
nouvelle eſpece d'office , eut grand ſoin
d'en écarter toute idée de maltote, & ne
voulut point que ſon nom parut. Après
bien

& de l'autre l'eſtime que cet auteur
avoit pour ſa femme. Qu'on le prenne
comme on voudra ; ce ne ſera jamais
que le badinage d'un homme enjoué.
Si Scaron avoit douté de ſa vertu,
auroit-il publié ſa propre honte?

bien des difficultés, cette charge paſſa à l'hotel de ville: mais le chancelier la raïa comme onéreuſe au peuple. Il eut beſoin de tout l'appuï de Fouquet: encore des contradictions violentes renaiſſoient - elles tous les jours. Il ſe rebuta, & négocia ſon privilege le plus avantageuſement qu'il lui fut poſſible: l'acheteur aïant manqué à ſes engagemens, il s'en vengea par une ſatire; il rentra dans ſes droits, & fit valoir lui-même ces offices qui lui valurent environ ſix mille livres de revenu.

Ce bonheur ne dura pas lon-tems. Les infirmités de Scaron augmenté-rent. Il prévit qu'il ne pouvoit aller loin. La cour ſe diſpoſoit alors au voïage de Guienne pour le mariage du Roi. Un de ſes amis qui en devoit être alla prendre congé de lui. Je mourrai bientôt, lui dit Scaron, ie le ſens: je quitterois le monde ſans

H

re

regret, fi je n'y laiſſois ſans biens &
ſans eſpérances une femme de mérite,
que j'aime, & que j'ai tant de raiſons
d'aimer. Je vous la recommande, je
la recommande à tous mes amis:
hélas! que deviendra-t'elle?

Sa prédiction s'accomplît. Sa maladie devint peu de tems après ſi dan-
gereuſe, que ſon corps épuiſé par de
longues ſouffrances n'y put réſiſter.
Il fut un jour ſurpris d'un hoquet ſi
violent que Madame Scaron craignit
qu'il n'expirât. Cependant ce ſim-
tome diminua. Le fort du mal étant
paſſé, ſi jamais, dit-il *, j'en reviens,
je ferai une belle ſatire contre le hoquet.

Elle

* La Fontaine à fait ſur ce mot l'epi-
gramme ſuivante :

Scaron ſentant approcher ſon trépas
Dit à la Parque: attendez, je n'ai pas
Encore fait de tout point ma ſatire:
Ah! dit Cloton, vous la ferez là-bas;
Marchons, marchons, il n'eſt pas tems de rire.

Elle s'attendoit à toute autre résolu-
tion ; mais il fut dispensé de tenir
parole ; & il ne revint point de sa
maladie.

Madame Scaron ne s'occupa que
du soin de le préparer à une mort
chrétienne. Il n'avoit point de religion : elle lui en inspira. Il avoit
toujours regardé nos plus sacrés mif-
teres comme des sujets de raillerie :
elle les lui fit envisager comme des
objets de foi. Il avoit souvent ri des
dogmes qui dépendent de la religion
naturelle ; elle l'engagea à pleurer ses
péchez , à demander les sacremens
avec instance , à les recevoir avec
édification.

Sa foi étoit souvent ébranlée par
des doutes. Il étoit effraié par l'image
des peines de l'enfer ; & cependant il ne
pouvoit les croire. S'il y a un enfer, lui
disoit-il, il ne sauroit être pour moi qui
sans vous aurois fait mille fois mon en-

fer

fer fur la terre? Elle répondoit à ces doutes avec la tendreſſe d'une épouſe & la ſolidité d'un téologien.

Déjà ſes forces, ſa voix l'abandonnoient; ſa gaîté ne l'abandonnoit pas encore. Ses parens & ſes domeſtiques, touchez de ſon état, fondoient en larmes autour de ſon lit. Un autre eut été attendri par ce ſpectacle : mais lui; mes enfans, leur dit-il, je ne vous ferai jamais autant pleurer que je vous ai fait rire. Il vit venir la mort d'un œuil ſec & ſerein; mais quand il fallut dirē adieu à ſa femme, il ceſſa de plaiſanter. Il la remercia de tous ſes ſoins, lui demanda pardon de toutes ſes fautes, la recommanda fortement à M. d'Elbene, & feſant un effort pour lui tendre la main, je vous prie, ajouta-t'il, de vous ſouvenir quelquefois de moi : je vous laiſſe ſans biens : le ciel y pourvoira. La vertu ne rend pas heureux;

cepen-

cependant j'espere que vous serez toujours vertueuse : quand on est où je suis à present, on voit qu'il n'y a que cela de bon : dans cette espérance, je meurs content. Priez pour moi.

Madame Scaron ne put retenir ses pleurs ; elle ne le quitta point & reçut son dernier soupir, le 27. Juin. 1660.

CHAPITRE V.

Depuis 1660. jusqu'à 1666.

LE peu de biens que laissa Scaron retournerent à ses héritiers. Sa veuve, qui le ciel destinoit à passer par tous les états de l'infortune pour la préparer à cet état de grandeur où elle devoit monter pour soulager les malheureux, se vit encore une fois

 ex-

exposée à toutes les horreurs de la faim & de la soif.

Ses amis ne l'abandonnerent point: ils lui offrirent leur bourse & leur crédit. Elle usa de ces offres avec modération., & n'auroit point lassé leur générosité, si leur générosité n'eut été qu'une suite des sentimens de compassion & de vertu.

Son cœur souffroit plus à recevoir qu'il n'y a du plaisir à donner. Plus on ménageoit sa délicatesse, plus on réveilloit un amour propre qui se trouvoit digne de ces ménagemens. On est bien plus humilié par ses propres réflexions & par sa reconnoissance, qu'on ne le seroit par ces manieres hautes & dures qui en fesant valoir le bienfait, le déprécient, & font haïr le bienfaiteur. Madame Scaron recevoit des présens avec la reconnoissance la plus vive, mais du même air dont on en fait.

Avec

Avec quelques égards qu'on les lui fit, elle démêloit le motif d'où ils partoient: & plus on étoit délicat, plus on devenoit dangereux. Elle avoit recours plus volontiers à ses égaux qu'à ses supérieurs ; elle pouvoit un jour s'aquitter envers les premiers: c'étoient des emprunts: mais comment s'aquitter envers les autres? c'étoient des dons. Elle savoit qu'on n'est jamais impunément tout ensemble l'objet de l'admiration & de la pitié des grands.

Elle étoit alors dans tout l'éclat de sa beauté. Cette beauté n'avoit pas été flétrie par les plaisirs du mariage. Elle avoit toute la majesté que l'himen a coutume de lui donner, & toute la fraicheur qu'elle doit à la jeunesse & que la virginité lui conserve. Madame Scaron pouvoit dire comme Monime, qu'elle étoit veuve sans avoir eu d'époux.

Sa

Sa taille étoit riche : elle avoit de la dignité, de la noblesse dans l'action, de la majesté dans le regard ; le visage ovale ; le tour en étoit admirable : les yeux grands, noirs & vifs : le tein uni & fort blanc : le nez aquilin & parfait : la bouche un peu grande, ornée de dents, qui étoient justement telles qu'il les falloit pour être les plus belles dents du monde ; les lêvres vermeilles & bien bordées : le sourire charmant, & un agrément infini dans le bas du visage : la main & le bras bien taillez : de l'enbonpoint, ce qu'il en falloit : enfin très peu de choses à souhaiter & encore moins à reprendre. C'étoit l'air le plus noble, la phisionomie la plus fine, & un certain je ne sai quoi que les années ne lui purent ôter. Sa conversation étoit délicieuse ; les moindres bagatelles devenoient intéressantes dans sa bouche : ses yeux & son esprit étoient

tou-

toujours si bien d'accord, que tout ce
qu'elle disoit alloit droit au cœur.
Elle badinoit quelquefois; mais elle
en revenoit toujours à sa morale ou à
quelque chose de solide. Elle avoit
un tel empire sur elle même qu'elle
ne laissoit rien échaper que ce que
la pieté & la raison lui permettoient.
Son ame étoit grande & généreuse,
son esprit juste, son cœur droit, en-
nemi de toute finesse, si tendre, &
si compatissant que la misere d'autrui
lui devenoit, pour ainsi dire, per-
sonnelle. Bonne amie sans avoir le
défaut, qui semble attaché à cette
vertu, de haïr avec la même étendue
ses ennemis, elle pardonnoit avec la
sincérité d'un chrétien & la magnanimité d'un romain. Maitresse de ses
gouts comme de ses passions, elle fut
lon-tems jeune, parce qu'elle s'abstint
toujours des plaisirs: elle ne se permit
jamais ces nudités, ces postures lâches

I &

& molles des femmes du grand monde. Sa modeftie étoit fi exacte, qu'un jour qu'il fefoit fort chaud étant à l'hotel d'Albret, elle fut obligée d'ôter ce qui lui cachoit le cou ; Madame de Richelieu & fes amies furent furprifes de voir que ce qu'elle cachoit avec tant de foin auroit fait le fujet de l'indécente vanité de bien d'autres, & ne purent s'empêcher de lui dire, qu'elles avoient cru que ces précautions venoient d'un principe fort différent. Elle haïffoit le vice, quelque part qu'il fut, & cherchoit à le détruire par toutes les voies de prudence & de douceur qu'elle pouvoit imaginer. Elle avoit du penchant à la mélancolie, mais à une mélancolie douce & rectifiée par la raifon qui bien loin de la rendre de manvaife humeur répandoit de la tendreffe dans fes paroles & mettoit de l'intérêt dans fes manieres. Son jugement étoit fi
droit,

droit, que tous ses discours étoient remplis de raison : ses saillies même étoient sensées ; & son esprit si naturel, qu'on auroit dit que ce n'étoit pas de l'esprit *. En un mot, Madame Scaron étoit une des plus belles & des plus aimables personnes de son tems.

Il étoit donc bien difficile de ne pas lui rendre service, & encore plus difficile de lui rendre service dans des vues tout-à-fait desintéressées. Le maréchal d'Albret fut le plus zelé de ses amis : il lui fit faire connoissance avec la maréchale qui la gouta extrê-

I 2

me-

* Dirai-je ici que ce portrait n'est pas de moi? on voit bien qu'il vient d'une main plus habile. La dame qui me l'a fourni n'a exprimé qu'une partie de ses sentimens pour Madame de Maintenon. Qu'on ne croie pas que les traits de ce tableau soient exagéfez : ils s'accordent parfaitement avec les mémoires que j'ai entre les mains.

mement, & qui l'invita à venir souvent la voir. Le duc de Brancas lui fit des préfens confiderables, & lui cacha lon-tems la main généreuse qui les lui fefoit.

Les amis de Scaron crurent qu'il feroit poffible de faire rétablir en faveur de fa veuve la penfion dont il avoit joui trois ou quatre ans en qualité de malade de la reine, & qu'il avoit perdu à caufe de la Mazarinade. Cette idée étoit finguliere. Car quel droit Madame Scaron avoit-elle à une penfion fupprimée avant fon mariage & fupprimée dépuis fi lon-tems? Sa mifere étoit donc fon unique titre.

On la fit valoir dans plufieurs placets. Le cardinal Mazarin, en aiant lu un, demanda fi la fuppliante fe portoit bien: oui, Monfeigneur, lui dît-on: eh bien! repliqua-t'il, fi elle fe porte bien, elle eft inhabile à fuccéder à la penfion d'un homme qui fe portoit mal. Cet-

Cette froide raillerie ne la découra
gea point. M. Fouquet lui reſtoit.
Il donnoit, comme je l'ai déja dit,
ſeize cens livres de penſion à Scaron.
Etre aux gages de ce Sur-Inteudant
n'étoit pas fort honnête. Il donnoit
aux hommes par vanité, aux femmes
pur libertinage. Elle combattit lon-
tems. Cette démarche lui paroiſſoit
le dernier degré de l'aviliſſement.
Le ſoin de ſa vertu, ſa délicateſſe ſur
l'honneur, le plan qu'elle s'etoit fait
de ſe diſtinguer par une conduite ir-
reprochable, la nobleſſe de ſes ſenti-
mens, tout l'en détournoit. A la
fin ſes amis l'y déterminerent. Elle
alla chez Fouquet, mais ſi négligée,
que la perſonne qui devoit la préſenter en fut honteuſe. Ce n'eſt pas que
Madame Scaron n'aimât les parures
dont les jeunes femmes ſont ſi avi-
des, mais elle aimoit encore plus ces
louanges que la cour devote de la

I 3   reine

reine meré commençoit à donner à la simplicité des habits & à la réforme du luxe. Dailleurs, il n'étoit point de sa façon de penser d'aller étaler ses appas aux yeux d'un homme qui avoit bien plus de grandeur d'ame que de mœurs. Fouquet la reçut en ministre, & en ministre trop occupé pour faire attention à ces charmes modestes qui l'auroient touché, à cet air d'indigence qui l'auroit attendri. Il lui fit de belles promesses, qu'il oublia comme on oublie celles qu'on fait à tout le monde.

Quelques jours après, il se rappella en jettant les yeux sur le mémoire qu'elle lui avoit présenté, que Scaron avoit une femme assez belle, cette même femme qu'il avoit vu quelquefois à St. Mandé. La profonde misere qui étoit décrite dans ce mémoire lui donna de grandes espérances, que son imagination lui grossit encore.

Il s'en ouvrit à un de ces hommes
que

que les grands ont toujours auprès
d'eux pour être les miniftres de leurs
plaifirs. Cet homme va trouver Madame Scaron, & lui dit que M. le
Sur - Intendant eft fenfible à fes malheurs, mais qu'il ne fauroit y re-
médier; qu'il a un trop grand nombre
de penfionaires pour donner l'exemple
difpendieux des penfions héréditaires
aux veuves; qu'a la vérité il répandoit fes bienfaits fur beaucoup de
femmes, & même fur des femmes du
premier rang, mais qu'il en tiroit
des fervices qui le dédommageoient.
Il ajouta, que s'il lui étoit permis de
lui parler librement, il lui confeille-
roit de s'unir d'amitié avec quelques
unes de ces dames, qui vivoient des
bienfaits de M. Fouquet. Cet avis per-
fide tendoit à faire tomber Madame
Scaron dans fes piéges. Elle ne s'en
douta point, & remercia l'émiffaire.

Madame de Montigni, créature,

agen-

agente , & maitreſſe du Sur-Intendant fit connoiſſance avec elle. Elle
ne chercha pas d'abord à lui perſua-
der de le voir; elle s'y prit avec plus
d'addreſſe. Ce n'étoient que des ex-
agérations du mérite de Fouquet, des
réflexions ſur les malheurs de la pauvreté, des peintures du bonheur d'une
veuve indépendante & à ſon aiſe. Elle
s'enhardît par ces premiers propos; &
elle oſa parler plus clairement. MaisMa-
dame Scaron lui répondit avec tant
de ſageſſe & avec une ſageſſe ſi peu
faſtueuſe , qu'elle comprit bien que
tous ſes efforts n'aboutiroient qu'à la
rendre plus mépriſable.

Fouquet n'étoit point accoutumé
à trouver des cruelles; il étoit ſi per-
ſuadé que les cœurs s'achetoient, qu'il
oſa depuis porter ſes vues ſur celui de
La Valiere, & lui propoſer cinquante
mille écus pour un ſoupir, que La
Valiere auroit donné à un berger ſi
elle

elle en avoit trouvé un, plus aimable que le Roi. Il se roidît contre les difficultés, & sa passion fut irritée par les obstacles.

Madame du Plessis Bellievre, son amie encore plus que sa maitresse, apprit avec admiration la résistance de Madame Scaron, lui en fit compliment, l'exhorta à continuer, & prédît à Fouquet qu'il échoueroit. Ce ministre étoit trop vain pour croire à la vertu des femmes. Il s'imagina qu'il seroit plus heureux, s'il parloit avec plus d'énergie, & il envoïa sous un nom supposé un écrain de diamans d'assez grand prix à Madame Scaron. Elle ne put savoir ni deviner d'où lui venoit un si beau présent. Elle l'accepta comme si elle le recevoit des mains de la providence.

Quelques jours après, Madame de Montigni alla chez elle, admira ses bijoux, & lui apprit que c'étoit un

I 5   ca-

cadeau du Sur-Intendant. Madame Scaron rougît, & s'écria tout émue qu'elle alloit les lui renvoier. Madame de Montigni lui repréfenta, qu'elle lui feroit un affront qu'il n'avoit pas mérité, que ce préfent n'étoit qu'un témoignage de l'eftime qu'il avoit pour elle, que c'étoit-là la maniere dont il en ufoit avec les femmes les plus refpectables.

Madame Scaron, qui ne fe piqua jamais d'une vertu bruïante, & qui favoit qu'on n'offenfe pas impunément les gens en place, revint à ce fentiment, & s'adoucît. Le lendemain, elle rendit à Madame de Montigni fa vifite, comme elle lui avoit promis. Mais quelle ne fut pas fa furprife, lorfqu'elle vit entrer le Sur-Intendant! Elle crut, que cette entrevue, que la Montigni affuroit n'être qu'un heureux hazard avoit été concertée, & que Fouquet venoit recevoir le

prix

prix des bijoux dont il s'étoit fait précéder.

Elle sortit avec précipitation, & retourna chez elle. Un domestique du Sur-Intendant l'avoit suivie; elle cacheta l'écrain, & le lui remit avec ordre de le rendre à son maître. Quand elle racontoit ce trait, elle disoit, qu'elle n'avoit jamais senti un mouvement de joie pareil à celui qu'elle éprouva, dès-qu'elle eut renvoié ces diamans, auxquels Fouquet avoit attaché sa défaite.

Ce Ministre apprit alors, que le maréchal d'Albret étoit mieux reçu que lui. Ses pensionnaires l'en vengerent en publiant, que ce seigneur étoit bien avec elle. Madame Scaron, allarmée par la calomnie, suspendit pour quelques mois ses assiduités à l'hotel d'Albret, malgré toutes les raisons que sa situation lui fournissoit pour l'engager à les continuer.

Par

Par cette conduite, ces bruits de-savantageux cefferent : M. Fouquet fut convaincu qu'il n'y avoit qu'une belle amitié entre elle & M. d'Albret : il n'efpéra plus de triompher par avarice d'un cœur dont le maréchal n'avoit pu triompher par fentiment : & il la remit dans les bonnes graces de la Sur-Intendante avec laquelle il l'avoit brouillée *.

La vertu ne la tiroit pas de la pauvreté : on admiroit fa fermeté ; mais cette fermeté décourageoit fes amis qui

---

* Je n'ai bien pu favoir de quel moien Fouquet s'étoit fervi pour lui faire perdre l'eftime de fa femme. Il y a là deffus dans les mémoires qu'on m'a fourni des faits contradictoires que je n'ai pu ajufter. C'eft pour cela que je les ai paffez fous filence. C'eft là un des endroits obfcurs de la vie de Madame de Maintenon, de la voir attaquée inutilement par le mari & abandonnnée fans fujet par la femme.

qui voioient affez qu'elle étoit incapable de fuccomber à la tentation la
plus artificieufe. On s'ennuioit de fervir une femme infenfible. On étoit
d'autant plus piqué de fes rigueurs
qu'on ne pouvoit pas s'en venger en
l'accufant de pruderie.

Mademoifelle de Lenclos, dont le
cœur étoit auffi fûr en amitié qu'in-
conftant en amour, lui donna des
preuves effentielles de celle qu'elle lui
avoit jurée dès fon enfance. Elle lui
offrit fa maifon & fa table. Madame
Scaron étoit trop jaloufe de fon honneur pour accepter cet azile. La fociété de Ninon ne s'accordoit ni avec
fon caractere ni avec fes vûës; elle y
auroit trouvé des amans; & c'étoit
des amans qu'elle fuioit. Elle fe bor-
na à la voir de tems en tems: & peu
à peu elle s'en éloigna, fans pourtant
rompre avec elle: trop reconnoiffante
pour ne pas l'aimer, trop délicate
pour

pour ne pas s'en détacher infenfiblement, trop éclairée pour la méprifer,
trop vertueufe pour l'eftimer.

Ses amis ne fongeoient plus à lui
procurer un état folide, lorfque la
reine aiant par hazard prononcé le
nom de *Scaron*, un courtifan faifit
ce moment pour lui repréfenter que
ce poëte, qu'elle avoit autrefois ho-
noré de fes bienfaits, avoit laiffé une
veuve très jeune, très belle, très fpi-
rituelle, & très pauvre, que la mifere pourroit réduire à de fâcheufes
extrémités, fi fa vertu n'étoit fupéri-
eure à tout. Ce difcours fut appuié.
On fupplia fa Majefté de rétablir en
fa faveur la penfion que fon mari
avoit mérité de perdre à caufe de la
licence de fa plume. Cette priere fut
fi preffante, faite par tant de perfonnes, faite fi à propos, que la reine
mere touchée de compaffion demanda
de combien étoit cette penfion. Elle
n'é-

n'étoit que de quinze cens livres : Quelqu'un dît qu'elle étoit de deux mille. La reine en ordonna le rétablissement, & lui en envoia sur le champ le premier quartier.

Avec ce secours, elle se retira chez les hospitalieres de la rue saint Jaques, où elle subsistoit à peu de frais, & où elle se livroit à son gout pour les exercices de pieté. Elle destina le quart de la pension aux pauvres, pour expier, disoit-elle, le mensonge officieux qui le lui avoit procuré.

Elle sortoit souvent de sa retraite pour aller à l'hotel d'Albret & à l'hotel de Richelieu. Elle fesoit les délices de tous ceux qui s'y rendoient. Envain les gens du monde vouloient-ils l'y fixer par des louanges & des adorations, elle y entroit sans prétentions, en étoit regrettée, & le quittoit sans regrets.

Le comte de Guiche, l'abbé d'Aumont,

mont, La Feuillade, Buſſy, Beuvron, le chevalier de Grammont, Rouville, Vardes * étoient les plus empreſſez à lui plaire. Le nombre de ſes amis groſ-

---

* Petit-fils du marquis de Vardes & de la comteſſe de Moret, alors comteſſe de Cezi, de la famille de Harlai, qui avoit été maitreſſe d'Henri quatre vers l'an 1609. C'eſt celle que Barclai appelle Cafina dans ſon Euphormion. Vardes étoit alors fort bien dans l'eſprit du Roi, dont il trahît enſuite la confiance. Il s'unît au comte de Guiche & à la comteſſe de Soiſſons pour écrire à la reine une lettre contrefaite, par laquelle le Roi d'Eſpagne ſon pere l'inſtruiſoit des amours de Louis & de la Valiere. A cette méchanceté il ajouta celle de faire tomber les ſoupçons ſur le duc & la ducheſſe de Navailles. Son crime fut connu, mais trop tard: il fut envoié en priſon à Montpellier. Madame de Maintenon ſe ſouvint de lui dans ſon élévation, & adoucit ſa diſgrace.

groſſiſſoit tous les jours, au point d'inſpirer de la jalouſie à Mesdames d'Albret & de Richelieu. Elles étoient piquées que les bienſéances fuſſent pour elles, & les adorations pour Madame Scaron. Elle s'en apperçut, les appaiſa par une abſence de quelques ſemaines qu'elle alla paſſer à ſaint Germain, & à ſon retour n'oublia rien de ce qu'elle crut propre à ſe faire pardonner ſa ſupériorité. Mais elle ne put ſe dépouiller de cette douceur qui lui gagnoit les cœurs, ni de cet air de bon ſens & de majeſté qui lui ſoummettoit les eſprits.

Un maçon lui predît ſa grandeur future à l'hotel d'Albret. Je ne rapporterois pas ce fait, ſi Madame de Maintenon dans les dernieres années de ſa vie n'avoit dit plus d'une fois qu'il étoit véritable. C'eſt ce qu'elle a aſſuré à Saint Cyr. Ce fait eſt donc vrai, ſans avoir le merveilleux qu'on y a voulu mettre. Ce maçon, nommé Barbé, se mêloit d'astrologie : il avoit été souvent chez Scaron, & frappé de la phisionomie & de la taille noble de sa femme, il dît un jour, qu'elle étoit née pour être reine. Il le répeta si souvent, que son imagination s'alluma ; il se familiarisa avec cette idée, il s'en remplît, il y ajouta des circonstances, il consulta ses livres d'astrologie ; & travaillant à l'hotel d'Albret, assez près de l'appartement de Madame Scaron, il entra dans sa chambre, & y trouvant deux ou trois dames, il la pria de lui donner une audience particuliere. Elle le mena dans un cabinet, où il lui dît d'un air & d'un ton de prophete : ,, après ,, bien des chagrins & des peines, en- ,, fin vous monterez où vous ne croi- ,, rez pas monter. Un Roi vous ver- ,, ra, vous aimera ; & vous regnerez ``. A cette prophétie il ajouta des détails

fin-

finguliers qui la divertirent beaucoup. Elle parut pourtant un peu émue quand elle vint rejoindre fes amies qui lui dirent d'abord; il faut que cet homme vous ait appris quelque chofe de bien agréable: car vous paroiffez plus guaie. J'aurois bien bien lieu de l'être, répondit Madame Scaron, fi je pouvois compter fur ce que cet homme m'a promis. Et que vous a - t'il donc promis, s'écrierent ces dames? ne peut-on pas le favoir? Non, dît-elle en riant, mais fi cela doit arriver, je vous confeille de me faire par avance votre cour. Elles ne purent en favoir davantage. Mais Madame Scaron ne put s'empêcher d'en faire confidence à une amie pour laquelle elle n'avoit rien de caché. Dès-que cette prédiction fut accomplie, elle fit chercher Barbé; il étoit mort: elle fit du bien à fes enfans.

Le marquis de C......x, homme

                    fort

fort riche & fort débauché, eut fur elle des vues férieufes. Il vouloit fe retirer du monde & des plaifirs; il lui falloit une femme: il jetta les yeux fur Madame Scaron. Il mit dans fes intérêts le maréchal d'Albret, qui lui promit d'appuier fes prétentions. Madame Scaron, qui connoiffoit mieux C......x, répondit à Madame d'Albret que cet homme ne lui convenoit point, qu'il étoit fans mœurs, fans religion, emporté, fans efprit, & qu'elle préféroit une heureufe médiocrité à un état où avec de grandes richeffes elle trouveroit des amertumes encore plus grandes. La maréchale infifta, & lui repréfenta que le marquis étoit homme de qualité, & d'un efprit affez borné pour fe conformer entiérement à fes volontés: elle répliqua, qu'à fes yeux la naiffance détachée du mérite étoit peu de chofe, & qu'elle avoit fort mauvaife idée

d'un

d'un homme affez lâche pour fe laiffer gouverner par fa femme. Madame d'Albret fut piquée d'une réfi-
ftance à laquelle elle ne s'attendoit pas,
& lui dît dans le premier nouvement
de fon dépit, qu'elle n'étoit qu'une
glorieufe, qu'elle n'avoit pas toujours
été fi délicate, que le monde l'avoit
gâtée, & qu'elle avoit bien époufé
un poëte burlefque. Madame Scaron,
qui chériffoit la mémoire de fon mari,
fut vivement fenfible à ce reproche:
elle ne put retenir fes larmes. La
maréchale fe repentit de fa vivacité,
voulut l'adoucir, lui dît mille chofes
obligeantes pour réparer cette infulte:
mais le coup étoit porté. Elle étoit
indignée qu'on lui eut reproché un
mari dont le nom feul lui avoit obtenu
une penfion après fa mort; & qu'on
l'eut cru capable de préférer un marquis fans merite à un bel-efprit qui
en avoit. La ducheffe de Richelieu

K 3

les

les réconcilia. M. de C......x, eut son dernier mot, & cessa des pour-suites qui prouvoient encore plus la haute opinion qu'il avoit de lui-même que l'estime qu'il avoit pour Madame Scaron.

✳✳✳✳✳✳ ✳ ✳ ✳ ✳ ✳✳✳✳

CHAPITRE VI.

Depuis 1666. jusqu'à 1669.

MAdame Scaron se vit fort éloig-née de la grandeur que Barbé lui avoit prédite, à la mort de la reine mere. Elle perdoit la pension qui la fesoit subsister : & son unique res-source étoit l'espérance que les ames pieuses ont en la providence divine.

M. de C......x reparut, plus avantageux, plus pressant, mais aussi plus odieux que jamais. Il attendit envain son bonheur de la misere de Madame Scaron. Elle étoit inébran-
lable

lable dans ſes réſolutions, quand elle les croioit juſtes. L'état qu'on lui offroit ne l'éblouît pas; l'état où elle étoit ne la découragea point. Sa liberté lui parut le plus ſolide des biens; & elle dît à Madame d'Albret qu'elle ne vouloit point être l'eſclave d'un homme dont elle n'avoit pas voula être la femme. Ses amies la regarderent comme une opiniâtre, qui ne méritoit point de protection, puiſqu'elle dédaignoit une ſi brillante fortune. Mademoiſelle de Lenclos fut la ſeule qui applaudît à ſa fermeté : Cette femme-la, diſoit-elle, vaut tous le marquis de France. Pour être de cet avis, il falloit avoir la tête auſſi bien faite que Ninon.

Elle tenta d'obtenir du jeune Roi le rétabliſſement de la penſion que lui donnoit la reine mere. On préſenta pour elle pluſieurs placets, où l'abbé Teſtu avoit épuiſé ſon éloquence.

Ces.

Ces placets qui commençoient tous par ces mots, *supplie humblement la veuve Scaron,* fatiguerent enfin le Roi qui dît; entendrai-je toujours parler de la veuve Scaron? Ces mots produisirent une expression nouvelle; & l'on dît pendant quinze jours à la cour, *il est aussi importun que la veuve Scaron.*

Elle s'addressa à M. Colbert, qui ne crut point que le titre de veuve d'un homme qui n'avoit fait autre chose que rire pendant toute sa vie fut suffisant pour être sur l'état des pensions. Madame de Chalais, depuis princesse des Ursins, lui promit sa protection, mais seulement du bout des lèvres. Madame de Lyonne lui dît; ,, je verrai, je parlerai '', du ton dont on dit le contraire. Tout le monde lui offrit ses services, & personne ne lui en rendît. Si j'étois dans la faveur, disoit-elle, que je traiterois différemment les malheureux! Madame de Ri-

che-

chelieu * fut la feule qui lui offrit une retraite chez elle. Le monde lui devenoit tous les jours plus odieux, & fon amour pour la vie folitaire augmentoit. Elle remercia la ducheffe, & ne fortit que fort rarement de la maifon des hofpitalieres de la rue Saint Jaques.

Le fort fembla s'adoucir. Une princeffe de Portugal, qui avoit été élevée à Paris, voulut que fes enfans fuffent élevez par une Françoife. Elle écrivit à l'ambaffadeur de lui chercher une dame de condition & de mérite

L   qui

---

* Anne Pouffart, fille de François Pouf-fart marquis de Fors & baron du Vigean, dame d'honneur de la reine Marie Thérefe d'Autriche, & enfuite de la dauphine Marie Anne Victoire de Baviere, mariée en fecondes nôces en 1646 à Armand de Wignerod du Pleffis, duc de Richelieu, pair de France, prince de Mortagne, morte en 1684, fans avoir eu d'enfans.

qui fut capable de cet emploi. On
jetta les yeux sur Madame Scaron;
on lui en fit la proposition; on lui
fit entrevoir mille avantages: elle accepta. Les conditions étoient faites,
le jour du départ fixé, lorsqu'un
heureux incident vint déranger ce
projet.

Madame Scaron voulut, avant que
de partir, être présentée à Madame
de Montespan *. Je ne veux point,
disoit-elle à une de ses amies, avoir
à me reprocher d'avoir quitté la France
sans en avoir vu la merveille. Madame de Montespan, dont la faveur
ne fesoit que de naître, fut flattée de
ce compliment. M. d'Albret l'avoit
déjà prévenue en faveur de Madame
Scaron; & la marquise de Thiange
sa sœur qui la connoissoit particulie-
rement la lui présenta, comme une

per-

* Athenaïs de Mortemar, marquise de
Montespan, morte à Bourbon en 1707.

perfonne qui devoit partir inceſſam-
ment pour Lisbonne. Madame de Monteſpan lui dit qu'il falloit reſter en
France. La veuve infortunée lui répondit, qu'elle étoit obligée par la
mort de la reine mere de chercher
hors de ſa patrie une ſubſiſtance honnête. La favorite l'engagea par ſon
attention à l'écouter à faire le récit de
ſa vie & de ſes malheurs: elle en
parut touchée, & lui en demanda le
détail dans un placet qu'elle ſe chargea de préſenter au Roi.

Voilà les placets de la veuve Scaron qui reparoiſſent. Quoi? s'écria
le Roi, encore la veuve Scaron! n'en-
tendrai - je jamais parler d'autre choſe?
En vérité, Sire, lui dît Madame de
Monteſpan: il y a lon - tems que vous
ne devriez plus en entendre parler:
& il eſt étonnant, que Votre Majeſté n'ait point encore écouté cette
femme: elle eſt bien digne d'un meil-

                    leur

leur fort; & lorfque vous aurez lu ce placet, vous en conviendrez.

La main qui l'offroit le rendit plus agréable. M. de Villeroi * qui ne connoiſſoit que fort confuſément Madame Scaron & qui ne lui avoit pas promis de la ſervir l'appuia de la maniere la plus forte. La penſion fut accordée, & le voiage de Portugal rompu. Madame Scaron alla remercier M. de Villeroi & Madame de Monteſpan: Celle-ci fut ſi charmée des graces de ſa converſation qu'elle la préſenta au Roi. Le Roi lui dît: „ Madame, je vous

* François de Neuville de Villeroi, duc & pair de France, Maréchal, Gouverneur de Louis XV, mort en 1730. On croit communément, que Madame de Monteſpan obtint ſeule le rétabliſſement de cette penſion. Cependant il eſt-très ſur que M. de Villeroi y eut la meilleure part. Madame de Maintenon l'a dit pluſieurs fois à Mademoiſelle d'Aumale.

» vous ai fait attendre lon - tems ;
» mais vous avez tant d'amis, que
» j'ai voulu avoir seul ce mérite au-
» près de vous *.

Madame Scaron, qui avoit paru
aimer le monde & avoit enfin accepté
un appartement à l'hotel de Richelieu,
fit tout à coup connoitre par fes dif-

L 3 cours

* Je ne garantis point ce fait : il eft rapporté dans *le fiécle de Louis XIV*, où il
y en a tant de faux. M. de Voltaire
dit qu'il le tient de la bouche du cardinal de Fleury duquel il en tient beaucoup d'autres qui n'ont pas plus de
vraifemblance. Le cardinal de Fleury,
ajoute - t'il, fe plaifoit à le rapporter
fouvent, parce qu'il difoit que Louis
XIV lui avoit fait le même compliment, en lui donnant l'évêché de Fré-
jus. Dans tout ce que cet hiftorien
dit fur Madame de Maintenon, il y a
prefque autant de fautes que de mots :
fes trois chapitres d'anecdotes ne font
écrits que fur les oüi - dire de gens qui
ont mal fçu.

cours & par la maniere de s'habiller
qu'elle avoit donné dans la haute devotion. Ses amis en furent étonnez,
& lui dirent que sa vie passée n'avoit
pas besoin de réforme. L'abbé Testu
lui témoigna craindre pour elle, qu'elle
n'eut confié la direction de son ame
à un homme trop rigide. Elle avoit
pris pour son directeur l'abbé Gobelin, docteur de Sorbonne, homme
de bon conseil, un peu enthousiaste
s'il faut en juger par quelques lettres
que j'ai vu de lui, & d'une morale
extrémement sévere. Il défendoit les
plaisirs les plus innocens, vouloit une
vie toujours mortifiée, & commença
par ordonner à sa pénitente de se rendre ennuieuse en compagnie pour vaincre l'extrême passion qu'elle avoit
de plaire par son esprit. J'obéis, disoit-elle quelquefois, mais voiant
que je bâille & que je fais bâiller les
autres, je suis prête à renoncer à la
devotion.   Ce

Ce gout pour les chofes d'efprit la brouilla avec Madame de La Fayette, qui avoit le chagrin de voir fa cour deferte, tandis que celle de Madame Scaron groffiffoit tous les jours. Madame de La Fayette vouloit tenir la place de la marquife de Sablé : elle n'y put réuffir. Madame de Sablé avoit beaucoup d'efprit & encore plus de bon fens : la jeune nobleffe fe rendoit affidument à fon hotel. Avoir été formé par elle étoit un titre pour être reçu dans le grand monde avec diftinction. Madame de La Fayette avec plus de génie & de talens n'avoit point ce liant, qui rend aimable & folide le commerce d'une femme : elle étoit trop impatiente, tantôt careffante, tantôt impérieufe, fouvent de mauvaife humeur. Avec cela elle exigeoit des refpects infinis, auxquels elle répondoit quelquefois par des hauteurs. Sa maifon fut bientot aban-

dan-

donnée malgré tout son esprit & le
duc de la Rochefoucault qui n'en
bougeoit pas. Elle s'en prit à Madame Scaron, à qui elle fit bien payer
depuis * la gloire d'avoir été plus
aimable & plus estimée qu'elle. Madame Scaron se retira à saint Germain,
d'où elle alloit souvent aux filles
bleues, où elle fut fort estimée de la
maréchale de Rantzau qui y avoit
pris l'habit en 1653, & de Madame
de Saint Basile, femme d'une grande
pieté qui y fesoit des retraites fréquentes.

Dans cette solitude, d'où l'ennui
fut cent fois sur le point de la chas-
ser, elle s'appliqua fort à la lecture.
Coulanges & l'abbé Testu lui chois-
soient les meilleurs livres, & lui envo-
ioient tout ce qui paroissoit de nouveau.

* Voiez ses mémoires de la cour de
France: elle y rabaisse l'utilité de l'établissement de Saint Cyr.

veau. Son esprit se nourrissoit du suc des auteurs les plus sages & les plus ingénieux. Les romans ne furent jamais de son goût ; elle préféroit à tout les livres de morale, de politique, & d'histoire ; & parmi ceux-là, Montaigne, Tacite, la vie de S. Louis, l'histoire d'Elisabeth étoient ceux qui lui plaisoient le plus.

CHAPITRE VI.

Amours de Louis XIV.

TAndis que Madame Scaron s'occupe dans la rue des Tournelles du soin de son salut ou du soin de perfectioner son esprit, voions ce qui se passe à cette cour où elle devoit un jour régner, & combien de cœurs Louis XIV avoit essaié, avant que d'en trouver un, digne du sien.

Ce prince étoit né tendre & aima-

L 5

ble.

ble. Il n'avoit pas besoin de ces deux qualités pour être aimé : son rang l'en dispensoit en y suppléant. Mais le ciel que vouloit que tout fût extraordinaire en lui avoit ajouté a tous les dons de la grandeur ces graces de la figure, ces manieres nobles & insinuantes, cette sensibilité du cœur, qui facilite les conquêtes & fait le charme de l'amour.

La baronne de Beauvais eut ses premiers gouts : Anne d'Autriche les réprima ; & Louis apprit de bonne heure à aimer tendrement, parce que ses premieres amours furent traversées.

Mademoiselle d'Argencour *, fille d'honneur de la reine mere, fort belle, fort languissante, & fort tendre, voulut plaire, & y réussit. Mais elle ne plut que quelques semaines,

par-

* Son pere étoit gouverneur de Narbonne.

parce qu'elle plut en même tems à
Chamarante, premier valet de chambre. Ce Chamarante étoit un des plus
beaux hommes de la cour, & plus
propre a être aimé d'une fille qui avoit
plus de tempérament que de délicatesse, qu'un jeune Roi à qui la nature
disoit qu'il y avoit des plaisirs que son
âge ne lui permettoit pas de gouter.
Mademoiselle d'Argencour flattée de
voir son maitre à ses piés affermissoit
son empire par ses rigueurs : elle permettoit au Roi des soupirs, mais elle
en exigeoit des respects. Elle gagnoit
l'amitié de la reine par sa sagesse ;
mais elle se dédommageoit en secret
d'une vertu si pénible avec son amant.
L'amour est soupçonneux. Le Roi
s'en douta, fit éclairer les pas de sa
maitresse, découvrit qu'elle lui étoit
infidele. Un malheureux billet l'in-
struisit d'un rendez-vous qui n'étoit
pas pour lui. Il ne connoissoit pas
en-

encore son rival. Qu'il fut surpris & humilié, quand il vit que ce rival heureux étoit un de ses valets! Chamarante fut puni, & Mademoiselle d'Argencour oubliée *.

Ce prince ne revint jamais des impressions que cette avanture lui donna contre les femmes. Il se méfia toujours d'elles; il se méfia toujours de lui-méme. Il ne compta plus ni sur leur fidélité ni sur son mérite. Il ne put aquérir cette certitude d'être aimé indépendamment de sa couronne, sans laquelle il n'est point pour un Roi de bonheur en amour. Chamarante lui gâta tous ses plaisirs.

Le cardinal Mazarin avoit fait venir d'Italie ses nièces. Elles avoient toutes de l'esprit, & furent bientot l'ornement de la cour. A cet air de galanterie noble & fiere qu'Anne d'Au-

tri-

* Lett. de Gui Patin.

triche avoit apporté d'Espagne, elles joignirent ces graces, ces petites rufes, cette vivacité, cette coquetterie, qui s'affortirent très bien avec cette douceur, cette délicateffe, cette liberté décente qui étoient déjà en France.

Louis porta fes vœux à l'ainée, fut écouté, mais peu heureux. Le cardinal la maria au comte de Soiffons, pere du prince Eugene, & par-là rompit ce premier penchant.

Marie Mancini fa fœur, qui depuis époufa le connêtable Colonne, prit fa place. Elle n'étoit pas belle : mais elle avoit tant de graces qu'il n'étoit prefque pas poffible de s'appercevoir da la petiteffe de fes yeux, de la grandeur de fa bouche, de la lividité de fon tein. Son efprit étoit vif, naturel quoique cultivé, brillant quoique fenfé. Il y avoit dans toutes fes manieres une vérité, une élégance à laquelle on ne réfiftoit pas. Louis

fe

se rendit : son cœur n'étoit pas occupé, & demandoit à l'être.

Le cardinal feignit de defapprouver
cette paſſion, en fut charmé parce
qu'elle le laiſſoit maître des affaires,
& n'oublia rien pour l'entretenir. La
reine mere n'en fut point allarmée :
elle croioit que le dégout étoit toujours
inſéparable de la laideur, & ne ſavoit pas que l'œuil s'y fait comme à la
beauté, au lieu que les charmes de
l'eſprit ſont plus durables, parce qu'ils
ſont toujours nouveaux *. Dailleurs,
elle voioit qu'il ne trouvoit de plaiſir
qu'auprès d'elle, & n'avoit pas la
force de priver de ſes plaiſirs un fils
qu'elle adoroit. Elle étoit raſſurée par
ſes eſpions qui lui diſoient que le Roi
& Mademoiſelle Mancini emploioient
à la lecture de vers, de romans, de
comédies, des momens que d'autres
amans

* Recentes
Ingenioſa dabit ſemper amica jocos.

amans auroient emploié à en fournir des sujets. Marie Mancini lui enseignoit l'Italien, lui apprenoit à lire, à penser, à sentir, & contribua plus à lui former l'esprit & le goût que tous ses précepteurs. L'amour est un si grand maître !

Insensiblement ces feux devinrent plus ardens. Mazarin voulut les éteindre, soit quils fussent contraires à ses vues, soit qu'il eut pris sa niéce en aversion, ou qu'il eut dessein de plaire à la reine. Il défendit aux deux amans de se voir: c'étoit leur inspirer le desir de se voir plus souvent encore. Ils en chercherent les moiens: ils les trouverent. Ce qui n'étoit d'abord qu'un commerce innocent d'amitié devint une passion impétueuse. Mancini avoit trop d'esprit pour n'être pas intriguante, Louis trop de pouvoir pour obéir: ils concertérent des rendez - vous, s'y atten-
dri·

drirent, & se promirent un amour éternel. Le cardinal laissoit languir le Roi dans l'oisiveté, & l'amolissoit par les plaisirs. Ce prince étoit né pour le travail : éloigné des affaires, il s'en fit une importante de ses amours. Marie Mancini, avide de dominer, lui reprochoit souvent la contrainte où son oncle le tenoit : elle ne songeoit qu'à s'affranchir de la tutelle du cardinal qu'elle haïssoit, & auroit bien voulu en affranchir le Roi qu'elle aimoit. Elle lui représenta, que son ministre & sa mere ne cherchoient qu'à le tenir dans une enfance éternelle, qu'il étoit tems de regner, & qu'elle l'aimeroit mille fois plus maitre laborieux qu'esclave fainéant. ,, Que n'usez-vous de votre pouvoir, ,, lui disoit-elle ? Vous obéissez à un ,, prêtre, vous qui pouvez faire ,, trembler toute l'Europe : un coup ,, d'autorité vous couvriroit de gloire. Quoi-

» Quoique votre sujette, vous n'êtes
» pas digne de moi, si vous aimez à
» servir. Je vous aime comme mes
» ïeux; mais j'aime encore plus vo-
» tre gloire.

Ces expressions d'un amour mâle
& héroïque lui rendoient Mazarin
odieux; & les artifices que celui-ci
mettoit en œuvre pour détruire sa niéce
la lui rendoient encore plus chere.
Dans un moment de passion, il lui
promit de l'épouser: ces momens re-
vinrent souvent; & ce serment fut
répeté plusieurs fois.

Le cardinal n'avoit pas cru que
cette passion put aller si loin. Il avoit
craint pour l'honneur de sa niéce; il
fit semblant de craindre pour la gloire
du Roi. Cependant il voioit avec un
secret plaisir, que ce mariage étoit
possible; & la reine mere devina ses
ambitieuses idées. Un jour qu'il
essaïa de la sonder là-dessus, elle lui

M dit

dit avec émotion: „ Si jamais mon
„ fils se portoit à cette indignité, je
„ me mettrois à la tête de tous les
„ ordres de l'état pour venger l'hon-
„ neur de la maison roiale *.

Ces paroles firent trembler Mazarin, à qui il ne falloit que parler avec
fermeté. Ce ministre, encore plus dé-
testable qu'il n'étoit détesté, auroit
pu se venger cruellement de la France,
en lui donnant une reine de son
sang, s'il avoit eu plus de courage,
& s'il avoit été aussi ambitieux qu'il
étoit avare. Richelieu n'auroit pas
hésité. Mazarin, intimidé par les
plaintes de la reine & par les cris de
la cour, voulut se faire un mérite de
ce qui pour sa petite ame étoit une
nécessité. Il éloigna ses niéces. Le
Roi

* V. les mémoires de Madame de Mot-
teville. Ce fait est aussi rapporté dans
d'autres mémoires du tems.

Roi eut beau pleurer, gémir, menacer. Elles partirent. Ce fut lors de cette féparation que Mademoifelle de Mancini dît à Louis XIV ces paroles qui fignifioient tant de chofes, & que Racine fit venir fi heureufement dans fon *Britannicus*: ,, Sire, vous êtes ,, Roi, vous pleurez, & je pars!

Louis, féparé de fa maitreffe, fentit toute la force de fa paffion, n'écouta point les remontrances de la reine, & ne voulut entendre parler ni de fon mariage avec Mademoifelle de Savoye, ni de l'infante d'Efpagne. Peu à peu fes yeux s'ouvrirent; & l'abfence fit ce que la raifon n'avoit pu faire. Il lut les lettres du cardinal, qui lui reprochoit fans ceffe de renoncer à l'avantage dêtre le plus grand Roi du monde pour vivre defhonoré auprès de Mancini, & qui lui rappellant tous les foins qu'il lui avoit couté depuis fon enfance & les

 périls

périls dont il étoit forti par fes confeils le menaçoit de l'abandonner &
de fe retirer en Italie. Ces lettres le
déterminerent à conclure fon mariage
avec l'infante.

Cette princeffe vint en France en
1660. Elle ne manquoit pas de beauté ; elle avoit l'air noble, les yeux
beaux ; le tein fort blanc ; mais rien
de touchant, rien d'animé. Sa bonté lui
gagna tous les cœurs, hormis celui qui
lui étoit le plus néceffaire. Elle n'eut
point l'ambition de gouverner, quoiqu'elle n'en eut pas la capacité. Elle
ne s'occupa que de l'amour de Dieu
& de l'indifférence du Roi, fans
murmurer contre le premier, & fans
fe plaindre du fecond.

Louis avoit pour elle tous les égards
que méritoit fa vertu. Mais il aimoit
beaucoup mieux la fociété de Madame. C'étoit Henriette d'Angletere,
fœur de Charles fecond. Cette prin-
cef-

cesse avoit de la beauté, de la jeunesse,
des graces ; à sa taille près, c'étoit le chef
d'œuvre de la nature. Sa conversation avoit mille agrémens; son esprit
étoit enrichi de la lecture des meilleurs
livres; son gout étoit sûr & délicat;
son humeur égale & charmante : avec
tout cela, le desir & le talent de plaire. Madame s'ennuioit autant avec
Monsieur que le Roi avec la reine ;
ils se dirent leurs dégouts, & se virent pour les soulager : ce ne fut d'a-
bord que par ressource : ensuite un
sentiment plus tendre resserra leur
intelligence. Il y eut de petites fêtes
données : on s'écrivit des billets-doux :
on s'envoia des vers : on se promena
dans les bois : on s'y égara : les cour-
tisans causérent : la reine mere gron-
da; Monsieur se plaignit ; la desunion
se mit dans la famille roiale.

Louis étoit trop honnete homme
pour ravir sa femme à son frere ; il
M 3

s'abs'abstint donc du plaisir de voir si souvent Madame. Mais il n'étoit pas assez vertueux, assez maitre de lui-même pour vivre sans quelque passion ; il chercha donc à donner son cœur.

Une jeune fille fut touchée de cette taille majestueuse, de ce son de voix noble & insinuant, de cette phisionomie de héros, de cette régularité de traits, qui en fefoient l'homme le plus aimable de sa cour. Elle l'avoit sans cesse devant les yeux, & s'entretenoit en secret de cette innocente passion. Tantot elle auroit voulu être princesse, avoir des couronnes à lui offrir : tantot elle souhaitoit qu'il fût un simple particulier, afin de lui offrir son cœur. Ah ! s'il étoit berger, disoit-elle !

Le Roi se plut à entretenir une enfant qui lui souhaitoit une houlette. Il badina d'abord de ses naivetés ; en-

enfuite il s'y prit. Ce n'étoit point
une beauté parfaite : mais elle étoit fi
aimable, que ce vers de la Fontaine ;

Et la grace plus belle encor que la
beauté

fembloit avoir été fait pour elle.
Le teint bazané, les cheveux blonds,
le fourire agréable, les yeux bleus,
& point atteints du defir de plaire,
le regard fi tendre & en même tems
fi modefte qu'il gagnoit tout à la fois
le cœur & l'eftime : du refte affez peu
d'efprit, trop de fentiment pour en
avoir beaucoup ; lifant continuelle-
ment, mais trop occupée du Roi pour
lire avec profit : point d'ambition ;
point de vues : plus attentive à penfer à ce qu'elle aimoit qu'à lui plaire ;
toute renfermée en elle même ; pré-
férant l'honneur à tout, & s'expofant
plus d'une fois à mourir plutot que
de laiffer foupçonner fa fragilité :
l'humeur douce, libérale, timide,

n'an'aiant jamais oublié qu'elle fefoit mal, efpérant toujours de faire mieux: fentiment chrétien qui attira fur elle tous les tréfors de la miféricorde en lui fefant paffer une longue vie dans une joie folide & même fenfible d'une pénitence auftere *.

Telle étoit Mademoifelle de La Valiere. Les vifites chez Madame, dont elle étoit fille d'honneur, recommencerent. Henriette s'apperçut bientot qu'elle n'en étoit pas l'objet. Elle entra dans une extreme fureur. Le Roi l'appaifa par des careffes, & gagna La Valiere par des complaifances. Le marquis de Vardes fut leur confident & leur ménagea des entrevues. Louis fut enchanté de cette fimplicité, cette

in-

---

* Voiez les mémoires de l'abbé de Choify. Il l'avoit connuë particuliérement. ,, Nous avons, dit-il, joué ,, enfemble plus de cent fois à colin ,, maillard & à cligne-mufette.

innocence, ces graces modestes, mille
fois plus dangereuses que ces beautés
régulieres qu'on admire. Deux cœurs
faits pour s'aimer ne s'aimerent jamais
de meilleure foi.

La reine mere, instruite des rendez-vous, parla fortement au Roi
pour le guérir de sa passion. Tout
fut inutile. La duchesse de Navailles, conseillée par son mari, l'homme
de la cour le plus dur & le plus vertueux, fit griller les fenêtres de la
chambre de La Valiere. Celle-ci fut
infiniment sensible à cet affront, qui
la désignoit. Le lendemain toutes
les fenêtres des filles d'honneur furent
grillées.

Cependant Henriette étoit furieuse
de cette préférence. Elle jettoit des
regards terribles sur La Valiere. Le
Roi lui donna un colier de perles &
des boucles de diamans d'un grand
prix: ce présent acheva de la mettre

N

au

au defefpoir. La cour étoit toute en feu. On avoit les ïeux ouverts pour voir à laquelle des deux demeureroit la victoire : mais tout le monde gardoit le filence : car il n'étoit déjà plus permis de parler.

Le Roi aimoit extrémement la chaffe ; il y menoit les dames ; & il prenoit plaifir à les voir vetues en cet habit d'Amazone, dont la reine Chriftine avoit introduit la mode en France & en Italie. Mademoifelle de La Valiere, qui brilloit beaucoup en cet habit, fefoit tout le plaifir de ces parties. Henriette qui en étoit toujours le prétexte les rompoit fouvent, parce qu'elle avoit trop d'orgueil pour faire fervir fa beauté à relever celle de fa rivale.

L'amour de La Valiere & du Roi augmentoit tous les jours ; & les efprits s'aigriffoient. Envain Louis XIV gardoit-il des ménagemens par con-

fidé-

fidération pour la reine; envain enveloppoit-il fous des fictions ingénieufes le fecret de fon cœur : envain La Valiere jouiſſoit-elle, confondue dans la foule, de fêtes qui n'étoient que pour elle. Le zele des Navailles, joint à la mauvaife humeur de Madame & aux intrigues du comte de Guiche, fon confident, obligea le Roi à s'affranchir de la contrainte du miftere.

Plus Mademoifelle de La Valiere témoignoit de foumiffion & de refpect à Madame, plus cette princéffe lui témoignoit d'indignation & de mépris. Il la voioit fouvent fondante en pleurs ; & elle n'étoit jamais plus belle, que lorfque l'affliction venoit rendre encore plus touchant cet air de langueur qui lui étoit naturel.

Cette aimable perfonne ne put fupporter ces dégouts. Elle eut le courage d'aller s'enfermer au couvent de Chaillot, où elle fe propofoit de vivre

in-

inconnue, & loin du monde & de l'amour. Le Roi demande sa maitresse, menace de sa vengeance ceux qu'il soupçonne de la lui avoir ravie, apprend qu'elle est à Chaillot, monte à Cheval, va la chercher, lui parle, la fléchit, la ramene en triomphe, lui fait sa maison, la crée duchesse, & ordonne à sa cour d'estimer ce quil aime.

La Valiere, tirée de la dépendance, ne songea point à se venger de ses ennemis. Elle en augmenta cependant le nombre par l'attention qu'elle eut de ne jamais demander aucune grace au Roi : elle ne voioit personne: recueillie en elle-même & dans sa passion, elle fuioit l'éclat; & tout ce qui n'étoit pas Louis lui étoit indifférent. Quelques-uns attribuerent à un sentiment de hauteur & de dureté ce qui n'étoit que l'effet d'un sentiment de délicatesse & d'amour. Quelques

au-

autres dirent que le Roi exigeoit cette
retraite: mais il n'étoit point fait à
être jaloux, & encore moins à être
trompé. Modeſte & timide, elle haïſ-
ſoit le faſte, elle ne goutoit dans les
fêtes fréquentes qu'on lui donnoit que
le plaiſir de voir que toutes les dames
avoient les yeux attachez ſur le Roi,
& que le Roi ne les avoit-attachez
que ſur elle. Elle ne mit point la
France à ſes genoux, elle n'entra
point dans les intrigues des courtiſans,
ni dans les paſſions des miniſtres:
elle ne s'enrichît point; elle ſe dero-
boit à la foule, ſe cachoit ſous l'her-
be, étoit honteuſe d'être maitreſſe,
d'être mere, d'être ducheſſe. Non;
diſoit Madame de Sévigné, il n'y en
aura jamais ſur ce moule-là.

Le comte de Vermandois * fut le

 pre-

______

* Louis de Bourbon, comte de Vermandois, mort en 1683. Il y a dans les
mé-

premier fruit de leurs amours. Louis fut préfent aux couches, aida les médecins, partagea toutes les douleurs en pere & en amant, craignit que fa maitreffe n'eut été empoifonnée, dît aux dames qui l'environnoient, " prenez tout ce que j'ai, mais laiffez la " moi ", reçut le premier l'enfant dans fes bras, & n'en fut que plus épris de la mere.

Madâme de La Valiere oublia fouvent fon devoir; mais elle aima toujours la vertu. Il n'y a que la premiere faveur qui coute à la plupart des femmes : les fecondes lui coutoient pref-

mémoires fecrets de Perfe une anecdote ridicule & affez reffemblante au *Mafque de fer* de Voltaire. Quand Boffuet annonça à Madame de La Valiere la mort du comte de Vermandois: *faut-il,* dit-elle *que je pleure la mort d'un fils dont je n'ai pas encore achevé de pleurer la naiffance.*

presque autant: elle ne se fesoit point au crime. La tendre pudeur la suivoit jusques dans ces foiblesses, où l'on n'est qu'à la volupté: elle n'accordoit rien; il falloit lui tout arracher; chacune de ses bontés étoit pour son amant une nouvelle victoire.

Cette conduite l'affermit dans le cœur du Roi, qui trouvoit toujours en elle les douceurs d'un entretien aimable, les ressources d'un amour délicat, le piquant de la résistance, la gloire de la conquête. La vertu, l'amour, une vertu, un amour simple & sans art étoient des liens encore plus forts que tous ceux que peut forger la coquetterie la plus savante & la plus ingénieuse. Je ne serois point surpris, qu'une coquette habile prît pour son modele cette même La Valiere qui l'étoit si peu.

Les enfans d'un amour si parfait devoient ressembler à leurs peres.

Ma-

Mademoiselle de Blois *, qui a fait si lon-tems les délices de la cour de France, eut le graces de La Valiere, la beauté de Louis, le cœur & l'esprit de l'une & de l'autre.

Les refus vertueux, moins vertueux pourtant qu'extraordinaires, de Madame de La Valiere, porterent le Roi à des distractions fréquentes : il respectoit trop son premier choix pour ne pas lui dérober avec soin la connoissance de ces infidélités. La contradiction de ses desirs le détachoit pour quelques momens ; l'habitude le ramenoit toujours.

Athenaïs de Mortemar, marquise de Montespan, tenta de lui ravir un cœur assiégé par toute la cour. Elle y parut ; & elle effaça tout ce qui y avoit paru avant elle. Elle fut aimée

de

* Marie-Anne de Bourbon, dite Mademoiselle de Blois, mariée à Louis-Armand prince de Conti, morte en 1739.

de Lauzun *, qui après avoir été le rival de son maitre en devint le confident, le favori, fut sur le point d'en devenir l'allié, & finît par sortir d'une longue & dure prison pour être duc & pair, & pour vieillir sans considération & sans gloire.

Madame de Montespan, Madame de Thiange sa sœur ainée, & sa cadette, abbesse de Fontevrault, étoient les plus belles femmes de la cour. Toutes trois joignoient à la supériorité de la beauté la supériorité de l'esprit. Vivonne ** leur frere avoit comme elles les graces de la figure, le brillant de l'esprit, & y avoit ajou-

N 5   té-

---

* Peguilin de Caumont, comte de Lauzun; ses amours avec *Mademoiselle* sont connus.

** Louis Victor de Roche-chouart, maréchal de France, général des galeres, duc de Vivonne, mort le 3 avril 1688.

té la finesse du gout & les avantages de la lecture. A quoi sert de lire ? lui disoit Louis XIV. La Lecture, répondit-il, fait à mon esprit ce que vos perdrix font à mes joües.

Ces quatre personnes étoient d'un commerce charmant, leur tour d'esprit étoit le même, & leur étoit particulier : on l'appelloit l'esprit des Mortemar. C'étoit de la finesse, de la naïveté, un ton de plaisanterie vif & décent. Avec cela, une union parfaite.

Madame de Montespan n'auroit peut-être jamais eu deux regards de Louis XIV sans une de ces petites témérités qui produisent quelquefois de grands événemens. Elle aimoit la raillerie, & en fesoit tous les soirs sur les dames qu'elle avoit vu le jour attaquer le cœur du Roi. Ses bons mots la fesoient haïr des femmes, & produisoient un effet opposé sur les hommes.

mes. On n'admiroit que les saillies de Montespan; on n'en pouvoit imiter l'agrément, on en copioit le ton. Lauzun en entretenoit le Roi qui les répétoit à La Valiere. Celle - ci prit du gout pour une personne qui s'é-gaioit avec tant d'esprit sur celles qui visoient à sa place : elle la crut incapable des travers, des intrigues, des ridicules qu'elle démêloit si bien dans les autres; elle la mit de ses parties, sans prévoir qu'elle l'associoit à ses plaisirs & la portoit à sa faveur.

Le Roi , qui étoit, ce semble, destiné à traiter d'abord avec dédain tout ce qu'il devoit un jour aimer avec fureur, regarda Madame de Montespan comme une femme agréable, digne de Lauzun, digne de la jeunesse frivole de sa cour. Elle l'agaçoit dans toutes les formes : il ne daignoit pas se défendre. Voïez, disoit-il à Madame de La Valiere, voïez comme elle me lorgne : elle vou-

voudroit bien que je l'aimaſſe. Peut-
être l'aimoit-il déjà. Sans qu'il s'en
doutât, elle feſoit tous les jours de
nouveaux progrès dans ſon cœur: ſes
plaiſanteries éternelles les favoriſoient;
il la crut exemte des défauts qu'elle ſai-
ſiſſoit avec tant de vivacité, qu'elle
relevoit d'un air & d'un ton ſi deſin-
téreſſé. Enfin, elle s'établît ſi bien
dans ſon cœur, qu'elle le partagea
avec La Valiere. Tel eſt l'empire de
l'eſprit & de la beauté: on ne peut
en triompher qu'en les éloignant.

Le Roi, toujours ſenſible à cet
amour ſi vrai & ſi rare de la ducheſſe
de La Valiere, mais auſſi ſenſible aux
charmes de la volupté, s'ennuioit des
ſcrupules d'une conſcience délicate, à
la vérité, mais qui l'étoit trop ou qui ne
l'étoit pas aſſez. Son cœur plia ſous le po-
ids de la reconnoiſſance. On veut bien
nous devoir quelque choſe: mais ra-

re-

rement a-t'on l'ame affez bien faite pour confentir à nous devoir tout.

A cette efpece de laffitude fe joignit l'idée flatteufe d'être aimé d'une femme qui méprifoit toutes les autres, & qui en étoit refpectée, quoiqu'elle les furpaffât en beauté. Il avoua fes feux, Lauzun les exagéra, Madame de Montefpan donna des efpérances.

Les premieres infidélités furent fecrettes. Comment fe réfoudre à affliger un cœur auffi tendre que celui de La Valiere? L'œuil de l'amour eft perçant: elle s'en apperçut, en pleura, s'en plaignit, fut raffurée, & pardonna.

Le Marquis de Montefpan ignoroit cette intrigue. Dès-qu'il l'apprit, il en fut defefperé. Il vouloit bien que fa femme fut la maitreffe de Lauzun; il ne vouloit point qu'elle fut celle du Roi: idées d'honneur affez fingulieres. Il exprima fon reffentiment

de

de mille manieres différentes, publia le premier son deshonneur, tâcha d'empoisonner les plaisirs du Roi, prit le deüil comme si sa femme étoit morte, écrivit au Pape une lettre pour lui demander la permission de se remarier, montra cette lettre à Louvois, fit mille de ces folies éclatantes, auxquelles Paris applaudit, parce que Paris est malin, & dont Versailles se rit, parce qu'elles ne sont pas de nos mœurs.

Le Roi lui fit défendre la cour, & se vit obligé à rendre public un amour qu'il vouloit encore tenir secret.

Madame de La Valiere vit l'ascendant que prenoit sa rivale, & le vit presque sans se plaindre. Elle combattit avec douceur: elle fut témoin d'un triomphe si humiliant pour elle, sans presque proférer d'autre paroles que celles-ci: ils ne savent pas tous les chagrins qu'ils me donnent !

Ma-

Madame de Montespan jouiſſoit de ſa faveur avec éclat : elle ſe hâtoit d'en recueillir les fruits : les reſpects la flattoient ; elle commençoit à regner avec empire : elle auroit pu faire regner les graces.

D'une taille au deſſus de la médiocre ; les traits mignons, ſans être gâtés par l'enbonpoint, les ïeux pleins de feu, la bouche très petite & très bien garnie, le nez de France le mieux tiré, l'autour du cou environné de mille petits amours, les cheveux du plus beau blond, flottans en longues treſſes ſur les épaules les mieux tournées : enfin c'étoit une beauté accomplie ; mais une beauté ſenſuelle, plutot faite pour la volupté que pour un attachement ſolide.

Le Roi ſe reprochoit ſa paſſion pour une femme mariée : il avoit de la religion, il étoit honnete homme : ce ſcrupule ne le quitta jamais : il voulut
s'é-

s'étourdir sur ce crime en le rendant public & brillant, en le fesant consacrer par l'exemple, les baffeffes, les soumiffions du courtifan flatteur. L'illufion fut longue ; mais elle n'empêcha pas que Madame de Montefpan ne fut fouvent reprife & quittée. Son regne ne fut jamais bien affermi ; c'eft peut-être ce qui le rendit fi long.

L'exemple de Louis fut contagieux: fa cour ne fut occupée que d'intrigues d'amour. La petite-fille d'Henri quatre aima un fimple gentilhomme. Henriette, fans être coupable, le parut aux ïeux d'un mari foible & jaloux. Turenne fut à foixante ans l'amant & la dupe de la marquife de Coatquen. Les filles d'honneur de la reine étoient trop fouvent tentées pour ne pas fuccomber fouvent. Louvois même foupira.

La ducheffe de La Valiere avoit tempéré l'éclat de la faveur par la
mo-

modeftie. La marquife de Montefpan mit à la place le fafte & l'orgueil. Les têtes étoient plus brillan-
tes, les refpects plus marquez, la
dépendance plus étroite, l'extérieur
plus foumis. Tout avoit un caractere
de hauteur dans l'amant & dans la
maitreffe, & un air de profonde foumiffion dans le courtifan. C'eft là
une des époques d'un changement ar-
rivé dans les mœurs des François, qui
devinrent plus douces, plus flexibles,
mais qui perdirent en liberté ce qu'elles gagnerent en décence & en politeffe.

Après les premieres contraintes, les
deux amans, las de fe gêner, ne garderent aucunes mefures. La reine
n'eut que ce que le devoir lui donnoit. La Valiere fut confidérée du
Roi qui ceffa de l'aimer, mais qui ne
ceffa pas de la voir. Tous les honneurs, tons les hommages furent pour

O   Ma

Madame de Montespan. Dans le tems que Louis méditoit l'invasion de la Hollande, au milieu des jeux & des plaisirs, il la mena en Flandre à la face de l'univers. Les artistes épuisérent leur industrie pour fournir aux caprices d'un luxe nouveau. Les trésors furent prodiguez. La maison de Clagni fut bâtie avec un gout qui n'étoit que pour elle. Tout plioit devant une sujette, qui ne marchoit qu'avec l'appareil le plus pompeux de la roiauté, & qui avoit toujours quatre gardes du corps aux portieres de son carosse.

Mais reprenons le fil de la vie de Madame Scaron, dont j'ai été éloigné par une digression que j'ai cru nécessaire, & que peut-être on regardera comme inutile.

CHA-

* * * * * * * * * * * * *

CHAPITRE VIII.

Madame Scaron est gouvernante des enfans du Roi & de Madame de Montespan.

MADAME Scaron pouvoit compter d'avoir une puissante protectrice dans Madame de Montespan. Il lui étoit permis de cultiver sa bienveillance; elle voioit souvent la marquise de Thiange: tous les jours elle gagnoit dans l'esprit de la favorite.

Mais cette favorite fut sur le point de perdre elle - même tout son crédit. Quel coup pour Madame Scaron qui ne tenoit qu'à elle! Madame de Montespan aïant été à confesse à un curé de village, ce curé lui montra que s'il n'y avoit pas de la vertu & de la fermeté à la cour il y en avoit du moins à la campagne, lui fit de vives ex-

hor-

hortations sur son devoir, lui apprit que ce qu'elle appellait foiblesse étoit crime, & lui refusa l'absolution. Elle en fut blessée, & encore plus surprise: elle s'en plaignit au Roi, qui, très surpris lui-même, ne voulut pourtant pas condamner le prêtre, sans savoir de Bossuet dont il respectoit la doctrine & du duc de Montausier dont il estimoit la probité ce qu'ils en pensoient. M. Bossuet n'hésita pas: il loua le curé, & dît qu'il n'avoit fait que son devoir. M. de Montausier parla plus brusquement & avec autant de force, quoique Madame de Montausier fut assez généralement accusée d'avoir été des premieres à contribuer à former ces chaînes. Le jeune Roi, à qui il ne falloit que dire la vérité, leur promit qu'à son retour de Flandre, il ne reverroit plus Madame de Montespan. Il donna même à M. Bossuet la permission de lui écri-

écrire en toute liberté. On a deux lettres
qu'il lui addreſſa à ſon armée dé Flandre, dans lesquelles il l'exhorte vivement à reſter ferme dans ſa reſolution,
en le prenant du côté de ſa gloire, & du
côté de la religion. Au retour du Roi,
l'embarras fut grand. Il s'agiſſoit de ſa-
voir ſi Madame de Monteſpan devoit
être bannie de la cour, ou ſi elle ne
pouvoit pas y paroitre comme les
autres dames. Cette queſtion fut
propoſée comme un cas de conſcience
très délicat. La déciſion n'en pouvoit
être difficile qu'à Verſailles. A Paris,
on ſe réunît pour l'exil : à la cour on
ſe partagea, non ſuivant ſes lumieres,
mais ſuivant ſes intérêts. Les caſuiſ-
tes rigides, les amis de la vertu, &
les ennemis de Madame de Monteſpan diſoient avec Boſſuet, qu'il falloit couper cette liaiſon par un coup
d'éclat ; on prédiſoit au Roi qu'il ne
ſeroit pas maître de ſon cœur ; on

lui citoit cette maxime du sage, que
pour ne pas tomber dans le péril il
falloit le fuir; on lui repréfentoit,
que la faute étant publique la réparation devoit l'être; on lui fefoit lire
de longs traités dont les raifons éclai-
roient fon efprit, mais ne convain-
quoient pas fon cœur. Ceux qui con-
noiffoient ce cœur, & qui plus politi-
ques que vrais, avoient plus d'égard
aux chofes de la terre qu'à celles du
ciel étoient d'un avis différent ; &
leurs raifons étoient fpécieufes : Il
falloit ménager l'honneur d'une dame, qui n'étoit pas encore flétri, &
dont le feul crime étoit de n'avoir
pas réfifté à la tentation la plus dan-
gereufe : une réparation publique cau-
feroit un fcandale affreux : il ne faut
point apprendre aux peuples les foi-
bleffes de leurs princes : les exemples
de l'ancienne difcipline de l'églife ne
prouvoient rien : les circonftances
avo-

avoient changé : -c'étoit vouloir porter dans ce siécle pervers la perfec-
tion, l'austérité, la vigueur des ces
siécles dont on devoit bien plus ad-
mirer les vertus, qu'on ne pouvoit
en espérer le retour. Il suffisoit de
renoncer à Madame de Montespan :
quel mérite auroit le sacrifice, si elle
étoit éloignée ? La voir en public, la
voir tous les jours, sans être tenté
de la revoir en particulier, c'étoit
une épreuve digne de la grande ame
de Sa Majesté.

Le Roi fut du sentiment de ces derniers, c'étoit le sentiment de son cœur.
Madame de Montespan parut donc
aux assemblées : elle y parut avec tous
les charmes qu'une longue absence
lui avoit prêté. Le Roi la fuioit :
elle l'évitoit avec soin : cependant ils
se rencontroient toujours : ils s'éloig-
noient & se retrouvoient sans cesse.
Insensiblement ils se rapprocherent, &
rou-

rougirent ; leurs ïeux se parlerent: leurs cœurs s'attendrirent. Quatre mots dits à l'embrasure d'une fenêtre détruisirent tout l'ouvrage de Bossuet. Deux beaux ïeux triompheront toujours des efforts des casuistes les plus éloquens.

Madame de Montespan n'avoit pas encore abandonné tout le soin de sa gloire : elle vouloit bien être foible; mais elle ne vouloit pas qu'on le sût. Il n'y avoit que sa faveur qu'elle se plaisoit à montrer, & qu'elle aimoit trop à faire sentir. Elle avoit consenti à devenir mere, à condition que la naissance de ses enfans seroit un mistere. Ces enfans, il falloit pourtant les élever : mais où trouver une femme capable d'un grand secret, & capable de cette éducation ? Elle jetta les ïeux sur Madame Scaron, comme sur une de ses créatures, & lui fit parler par M. de Vivonne & par

Ma-

Madame d'Hudicour. Elle répondit:
,, si les enfans sont au Roi, je le veux
,, bien ; je ne me chargerois pas de
,, ceux de Madame de Montespan : il
,, faut donc que le Roi me l'ordonne.

Cette réponse ne plut point : mais
Madame Scaron étoit si nécessaire &
fut si ferme, malgré toutes les insi-
nuations de M. de Louvois, qu'on la fit
venir à la cour, & que le Roi lui
ordonna de se charger de l'enfant
que Madame de Montespan lui re-
mettroit.

Ce fut alors qu'elle sentit qu'elle
alloit être condamnée à une vie reti-
rée ; mais cette vie, quoiqu'elle lui
devint un devoir & un devoir pénible, ne cessa pas de lui plaire. Peut-
être en étoit-elle déjà instruite, quand
elle annonça dans ses societés ordinai-
res le plan de réforme qu'elle s'étoit
fait. Elle loua une petite maison, où
elle se proposa de vivre seule, & in-

P   con-

connuë à tout le monde à l'exception de quelques amis choisis : encore leur dit-elle, qu'elle s'y vouloit occuper de l'éducation d'une jeune enfant, & pour détourner les soupçons, elle prit avec elle la petite d'Hudicour, fille de Madame d'Hudicour son amie.

Madame de Montespan accoucha dans une maison écartée, avec toutes les précautions du plus profond secret : l'accoucheur n'en fut point, & s'en douta si peu, qu'il se fit verser à boire par le Roi qui étoit présent.

Quand il fallut recevoir le dépot qui lui devoit être confié, elle se mit dans un fiacre, entra chez Madame de Montespan avec un masque sur le visage, prit l'enfant, le couvrit de son écharpe, remit son masque pour sortir. Elle fit la même cérémonie, à la naissance du second enfant, en 1670.

Voilà Madame Scaron, qui depuis si lon-tems fesoit l'agrément d'une affemblée, la voilà devenue gouvernante d'enfans, intendante de nourrices, féparée de tous fes amis, efclave d'un devoir qui demandoit des attentions infinies, obligée de fe lever à toute heure de la nuit pour veiller fur des enfans fi precieux, avec deux mille livres de penfion pour prix de fa liberté, & le chagrin de favoir qu'elle ne plaifoit point au Roi.

Ce prince avoit un certain éloignement pour elle: il la regardoit comme un bel-efprit; & quoiqu'il eut beaucoup d'efprit lui-même, qu'il aimât ceux qui en avoient, & qu'il protégeât les lettres, il ne pouvoit fouffrir ceux qui vouloient le faire briller; & un homme qui ne le cachoit pas l'humilioit trop pour n'être pas un pedant. Quand il parloit de Madame Scaron à Madame de Montefpan, il ne la nommoit que *votre bel-efprit*.

Quel

Quelquefois la favorite fefoit venir
fes enfans à la cour. Quand le Roi
fe trouvoit dans fa chambre, la gouvernante s'éloignoit par prudence, &
les laiffoit préfenter par la nourrice
pour dérober au Roi un objet qui lui
étoit odieux. Il demanda un jour à la
nourrice à qui étoient les enfants
qu'elle apportoit : ,, ils font furement,
,, lui répondit - elle, à la dame qui
,, demeure avec nous : j'en juge par
,, les agitations où je la vois au moin-
,, dre mal qu'ils ont. Et qui croiez-
,, vous, reprit le Roi, qui en foit
,, le pere ? je n'en fai rien, dît la
,, nourrice, mais je m'imagine que
,, c'eft quelque duc ou quelque pré-
,, fident du parlement.

Ces enfans grandirent : on les fit
loger à la cour, mais toujours avec
l'ordre du fecret. Ce fut alors que
commença l'intimité de Madame de
Montefpan avec Madame Scaron, in-

ti-

timité qui finît par mettre celle ci
dans la place de sa bienfaitrice, sans
que l'une ni l'autre l'eussent imaginé.

Madame Scaron la voioit tous les
soirs, & l'entretenoit pendant qu'elle
se couchoit; toujours avec un plaisir
nouveau. Elle lui donnoit des conseils sur les affaires du jour, lui rendoit compte des nouvelles les plus
intéressantes, lui parloit du monde, lui
parloit de Dieu. Ces longues conversations déplurent au Roi, qui comme tous
les grands, avoit le foible de craindre
les personnes d'esprit & de mérite :
il étoit trop jaloux de son autorité
pour n'être pas allarmé d'un conseil
secret où l'amour pouvoit prendre
avec la sagesse des mesures pour la
partager. Il voioit déjà dans sa maitresse plus de suite, plus de réflexion,
plus de prudence. Il soupçonnoit la
confidente de verser en elle ses qualités; & pour l'en dégouter, ,, quel

plai-

» plaifir, lui difoit-il, trouvez-vous
» à tant parler avec une précieufe?
» voulez-vous qu'elle vous rende
» précieufe comme elle?

La faveur de Madame Scaron étoit achetée par bien des peines. Madame de Montefpan fefoit tomber fur elle toutes les inégalités de fon humeur. Tantot elle en étoit enchantée, & lui confioit avec amitié tous fes fecrets; tantot elle lui parloit avec un ton impérieux, & traitoit comme une femme à elle une dame qui prétendoit être aux enfans du Roi, & non pas aux fiens.

Ces démêlés ne tranfpiroient point dans le public; le raccommodement les fuivoit de près; & chaque brouillerie augmentoit fon crédit. Tous les jours mieux connue, tous les jours plus néceffaire.

Elle étoit confultée fur les affaires les plus importantes, & fur les intrigues

gues les plus délicates ; & l'on regarda la disgrace de Lauzun comme son ouvrage. Elle avoit d'abord fortement conseillé à Madame de Montespan de rompre ce mariage, & d'avoir plus d'égard à la gloire du Roi qu'à la reconnoissance qui lui parloit pour Lauzun. Cet avis, qui auroit épargné à Louis XIV bien de fausses démarches, à Mademoiselle bien des ridicules & des chagrins, à Lauzun de grands malheurs, à la famille roïale d'indignes craintes, à la noblesse un grand affront, cet avis ne fut point suivi. On s'en repentit : on y revint, mais on y revint trop tard.

Tandis que Madame Scaron gouvernoit la cour sous Madame de Montespan, Madame du Frênoy gouvernoit l'état * sous Monsieur de Lou-

P 4

vois.

* Voiez le recueil des lettr. de Madame de Sevigné.

vois. C'étoit la femme d'un de ses commis, d'une beauté plus éclatante que réguliere, d'un caractere fier, avide du pouvoir; beaucoup d'esprit, beaucoup de génie, encore plus capable d'être le conseil de Louvois que digne d'être sa maitresse. Le ministre fit ériger pour elle une charge chez la reine; on la fit dame du lit; on lui donna les grandes entrées: on rampa devant elle. Madame Scaron alloit plus lentement à ses fins: elle ne brusqua point la faveur, n'en rechercha point l'éclat, ne se hâta pas de jouir; elle l'attendit, la cacha, la laissa murir. C'étoit une chose étonnante que sa vie: nul mortel sans exception n'avoit accès chez elle: ceux qui recevoient de ses lettres n'osoient s'en vanter, de peur des questions infinies qu'elles attiroient *.

Les

* Voïez lettr. de Madame de Coulanges à Madame de Sévigne, 26 decembre, 1672.

Les mauvaises humeurs de Madame de Montespan ne finissoient point:
Madame Scaron avoit trop de vanité
pour ne pas en être vivement blessée,
& trop de feu pour n'y pas répondre
quelquefois avec aigreur. Elle étoit
née sensible, vive, impétueuse: La
raison, la pieté peuvent bien suspen-
dre pour un tems les ressorts des passions; mais elles ne sauroient les détruire. Elle s'échapoit quelquefois; &
un jour les choses s'aigrirent au point,
que la favorite en porta des plaintes
au Roi, qui en étant importuné lui
répondit: „ si elle vous déplait, que
„ ne la renvoiez - vous? n'êtes - vous
„ pas la maitresse?

Assujettie à des chagrins continuels,
forcée à les dévorer en secret; n'a-
iant que l'abbé Gobelin à qui elle put
les confier, n'en recevant que des
consolations presque aussi tristes que
ses maux, mille fois tentée de parler

                    au

au Roi pour se justifier, mais trop reconnoissante pour se justifier aux dépens d'une personne qui l'avoit tirée de la misere, elle se proposa de quitter la cour & d'entrer dans un couvent. Mais tantot son âge, tantot un mot du Roi, tantot une confidence de la favorite la retenoient dans le monde : toujours combattuë, elle étoit dégoutée de la cour, elle y étoit fixée par l'ésperance de la fortune, projettoit d'en sortir, ne pouvoit se résoudre à s'en éloigner.

Ses liens devenoient de jour en jour plus forts : cependant plus occupée de ses anciens amis qu'elle ne l'avoit jamais été, elle leur donnoit le peu de tems qu'elle avoit avec un plaisir qui fesoit regretter qu'elle n'en eut pas davantage *.

Ma-

* Lettre de Madame de Coulanges à Madame de Sévigné, du 20 mars, 1673.

II

Madame de Montespan commença
son bonheur sans le savoir. Elle se
plaignit si souvent, que le Roi pour
adoucir son esprit fut obligé d'entrer
dans tous ces démelés. Il entretint
quelquefois l'accusée, & lui trouva beaucoup de sens sans soupçon de savoir.
On la lui avoit dépeinte comme une
bizare, comme une emportée qu'il
falloit ménager : il la vit pleine de
graces & de douceur. Quelque tems
après, il lui donna des preuves bien
flatteuses de son estime : jettant les
yeux sur l'état des pensions , il vit
deux mille francs pour Madame Scaron, les raia , & mit deux mille écus.

Le duc du Maine, dont la naissance
n'étoit presque plus un secret, contribua
beaucoup à l'établir dans son esprit par

une

Il y a, dit-elle, *chez une de ses amies*
un homme qui la trouve si aimable & de
si bonne compagnie , qu'il souffre impati-
emment son absence.

une réponse faite à propos. Le Roi, qui comme tous les Bourbons étoit un pere fort tendre, aimoit à jouer avec lui : content de l'air de bon sens qu'il mettoit jusques dans ses jeux, satisfait de la maniere dont il répondoit à ses questions, „ vous êtes bien raison„ nable, lui dit - il ; il faut bien que je le „ sois, répondit l'enfant, j'ai une „ gouvernante qui est la raison même. „ Allez, reprit le Roi, allez lui dire „ que vous lui donnerez cent mille „ francs pour vos dragées.

Les premiers momens de sa faveur, elle les donna à sa famille ; elle rendit service à ses parens, obtint une compagnie d'infanterie pour son frere, païa toutes ses dettes, & le fit nommer au gouvernement d'Armsford, ville de Hollande que Louis XIV venoit de soumettre. Ce prince établissoit dans toutes les villes prises l'exercice de sa religion avec une hauteur qui revol-

toit

toit les esprits : on eut dit qu'il fesoit
des conquêtes autant pour l'église que
pour la France. Les officiers qui y
commandoient imitoient son ardeur,
& ceux qui étoient de famille hérétique
l'imitoient le mieux. M. d'Aubigné
qui étoit de ce nombre se distinguoit
à Armsfort par son zele : il en persé-
cutoit les habitans, il en fesoit naitre
les occasions, il les traitoit avec cette
inhumanité, qui fait haïr la vérité &
la domination. La ville s'en plaignit
au marquis de Ruvigni, député général des églises prétendues réformées
de France. De Ruvigni ces plaintes
allerent à Louvois, de Louvois à Madame Scaron, qui écrivit à son frere de favoriser les catoliques & de n'être pas
cruel aux huguenots. Ils sont dans
l'erreur, disoit-elle, mais dans une
erreur où nous avous été nous-mêmes,
où Henri quatre a été, où sont encore
plusieurs grands princes : Jesus Christ

a gagné les hommes par la douceur. C'eſt aux curés & aux évêques à convertir: Dieu n'a point donné aux ſoldats charge d'ames. Elle lui alléguoit beaucoup d'autres raiſons de cette eſpece, qui prouvoient plutot un cœur compatiſſant qu'an eſprit éclairé. Elle ignoroit le droit que les princes ont ſur les conſciences, & ne ſavoit pas que l'égliſe doit ramener ſes enfans dans ſon ſein par toutes ſortes de voies, &, quand la douceur eſt inutile, emploïer les menaces, le glaive, & les ſupplices. Ce penchant à la tolérance étoit apparemment un reſte de proteſtantiſme.

L'éducation du duc du Maine lui fut entiérement confiée : on lui laiſſa le choix des maitres & des précepteurs : ſa tendreſſe ne lui en fit faire que d'heureux. Elle donna une partie de ſon autorité à M. Le Ragois, homme ſavant, vrai, laborieux, d'un eſprit

horborné, en un mot tel qu'il le falloit à un prince, qui devoit mériter le rang & l'état qu'il devoit avoir. Elle avoit l'infpection générale des études, & s'étoit réfervé le foin de lui former un cœur droit & vertueux.

Elle y réuffît fans peine. Le petit duc avoit d'heureufes inclinations, l'efprit ouvert, de la docilité, & un attachement extrême pour fa gouvernante. Il l'aimoit mille fois plus qu'il n'aimoit fa mere, & il en étoit mille fois plus aimé.

Souvent Madame de Montefpan & Madame Scaron difputoient la gloire d'aimer le plus tendrement ces jeunes princes. La favorite, pour fe faire des titres, entroit quelquefois dans les détails de l'éducation, fefoit des changemens, contredifoit le plan établi, & fur tout diminuoit la dépenfe: car elle étoit avare, comme le font tous ceux que leur état engage

à

à des profusions. La gouvernante souffroit impatiemment qu'on fit des innovations inutiles, se plaignoit qu'on tuoit ces enfans à sa vue, qu'ils manquoient du nécessaire, qu'on les élevoit en bourgeois, & menaçoit de les abandonner à la conduite de leur mere. Ces disputes commençoient par un combat de sentimens, & finissoient ordinairement par des reproches amers d'un côté, & par des pleurs & des projets de l'autre.

Madame de Montespan, fatiguée de ces divisions continuelles, trop foible pour vaincre les passions qui en étoient le principe, trop grande pour n'avoir pas toujours tort, & pour l'avouer, voulut y mettre fin en éloignant Madame Scaron d'une maniere qui satisfit à ce qu'elle lui devoit, qui ne permit pas au Roi le soupçon, & qui prévint les malignes interprétations du courtisan. Elle traita d'un ma-

ria-

riage avec un duc fort sot & fort
gueux. Madame Scaron en rejetta
les premieres propofitions, dît à la
favorite, qu'elle avoit déjà affez de
peines fans en aller chercher de nouvelles dans un état qui fait le malheur
des trois quarts du genre humain, &
qu'elle étoit trop attachée aux princes
pour les abandonner dans un tems où
elle leur étoit plus néceffaire que jamais. Madame de Montefpan étoit
dans un bon moment, crut n'avoir
pas été pénetrée, lui fut bon gré de
fon refus, & lui jura une amitié invio-
lable. Le traité en fut figné. Ce qui
n'empêcha pas la fin de l'année 1673
d'être fort orageufe. Les petites intrigues & les grandes injures recommencerent de part & d'autre. Les
princes étoient mal nourris, le duc
du Maine étoit malade; on la brouil-
loit avec le Roi, on s'en juftifioit mal:
Louvois lui étoit envoié pour lui faire

Q

en-

entendre raifon; on lui parloit avec fincérité, & avec la ferme refolution de quitter à la fin de l'année; & cependant, on fe réconcilioit, on rentroit dans la confiance avec douceur, on ne pouvoit fortir d'un païs où il falloit agir & parler contre fa confcience.

Ces agitations, cette retraite, ces fatigues attaquerent la fanté de Madame Scaron : un fang brulé par une mélancolie noire, aigri par des reproches éternels lui donna des vapeurs, qui ne la quitterent plus jufqu'à fa mort. Si quelque chofe pouvoit dédommager de la perte de la fanté, c'auroit été fans doute le tour heureux que prenoit fa fortune. Ses deux dernieres réconciliations lui avoient valu deux cens mille francs chacune.

Le Roi prenoit un plaifir infini dans fa converfation. Souvent il s'enfermoit avec elle & Madame de Mon-

te-

refpan pour en gouter les délices. Il
la mettoit de tous fes plaifirs, lui
fefoit des préfens confidérables, la
prenoit pour arbitre dans les différens
qu'il avoit avec fa maitreffe. Elle
n'en étoit pas plus vaine, mais elle
en étoit plus prudente. Plus elle
aquéroit de confidération, plus elle
montroit de modeftie. Pour rendre
fa faveur plus fure, au lieu d'un mouvement de rapidité, elle lui donna un
mouvement de lenteur: par là elle
adoucît les traits de l'envie, & prévint les cabales de ces efprits intri-
guans, toujours prêts à renverfer tout
ce qui s'éleve.

CHAPITRE IX.

*Achat de Maintenon. Voïages. Faveur
déclarée.*

MADAME Scaron ne favoit point
où la fortune devoit la porter.
Elle avoit eu dès fa jeuneffe un gout

pour

pour la folitude qui ne l'avoit point quittée dans le grand monde. Rien ne fait plus aimer le filence de la retraite que le tumulte de la cour. Elle avoit toujours eu deffein d'acheter une terre, où elle pût finir fes jours dans la tranquillité & la paix.

Elle employa les premiers bienfaits du Roi à l'achat de Maintenon *. Cette terre eft belle & noble. Elle lui couta deux cens cinquante mille livres. La fituation l'avoit tentée: c'eft un gros château, de beaux dehors, au bout d'un grand bourg, à quatre lieues de Paris, à dix de Verfailles, à quatre de Chartres. Elle ne produifoit que

---

* M. de Voltaire dit dans fon *fiécle* que le Roi lui acheta la terre de Maintenon, en 1679. Il y a deux fautes dans cette ligne. Premierement, Maintenon fut acheté cinq ans plutot, en 1674. En fecond lieu, il fut acheté par Madame Scaron, & non par le Roi.

que onze à douze mille livres de rente ; mais elle y apporta cet esprit d'ordre & d'économie qui lui étoit naturel, y mit des Flamands & des Normands qui travailloient en toilerie, & en retira dans la suite quinze à seize mille francs. Elle dît en y entrant : „ voilà où je mourrai.

Le Roi la vit si satisfaite de l'aquisition de ce marquisat qu'il lui en donna le nom, & affecta de l'appeller trois ou quatre fois la marquise de Maintenon. Quelques uns crurent que ce changement de nom avoit été concerté entre elle & le Roi ; ses amis lui reprocherent qu'elle dédaignoit le nom de son mari : ses envieux, ses ennemis l'appellerent *Madame de Maintenant*. Elle feignit d'ignorer tout ce que disoit le public, s'enveloppa de son innocence, & ne signa plus que la marquise de Maintenon, nom que nous lui donnerons desormais.

Q 3

Ce

Ce changement lui fut plus utile qu'elle ne le prévit elle-même. Car comment eut-elle pu monter au rang, où elle s'éleva, avec ce nom de Scaron, nom bourgeois, nom qui offroit toujours quelque chose de bas & de burlesque? La fortune ne tient qu'à une bagatelle. Comment la France auroit elle plié devant la veuve d'un homme dont le nom seul fefoit rire? Tout le sérieux de la veuve ne pouvoit effacer l'impreffion que donnoit le nom du mari. Il falloit que Madame de Maintenon fit oublier Madame Scaron.

La paffion qu'elle avoit pour fa terre augmentoit fon gout pour la vie solitaire. Cette paffion étoit souvent contrariée. Elle y fefoit travailler, & ne pouvoit obtenir un feul jour pour y aller donner fes ordres. Jamais elle ne fe plaignit de fa fervitude avec plus de vivacité ni avec moins

de

de raifon. La crainte des procès vint l'inquieter : elle ne s'y fentit pas propre , & les mit tous en arbitrage.

Le duc du Maine, toujours infirmé, toujours foible , donnoit beaucoup d'exercice à fa tendreffe & à fa vivacité. Ce prince étoit né très bien fait. Mais on remarqua, qu'âgé de trois ans, une de fes jambes s'affoibliffoit. Après avoir inutilement effaié beaucoup de remedes , le premier médecin d'Aquin jugea qu'il falloit l'envoier aux eaux de Barege. Madame de Maintenon fit le voiage avec lui. Le jeune enfant dont on ne déguifoit plus le nom reçut par tout de grands honneurs : il favoit déjà lui-même ce qu'il étoit. Madame de Maintenon , l'exhortant un jour à fe corriger de quelques manieres hautes, lui dît que le Roi avoit plus de politeffe que lui. ,, Cela lui eft bien ,, aifé, répondit le prince ; il eft bien
fûr

„ fûr de fon rang, & moi, j'ignore
„ quel eft le mien.

En paffant par le Poitou, elle vit fes parens, en fut reçue comme étant dans la faveur, leur en fçut gré comme fi elle y avoit toujours été, fe réconcilia fincérement avec les Villettes, qui l'avoient oubliée depuis qu'elle avoit changé de religion, chercha l'hiftoire de fa maifon, apprit qu'elle étoit d'une des meilleures familles de la province, & n'en fut que plus humble.

De Barege elle écrivoit directement au Roi. Ses lettres plurent beaucoup. Rien d'apprêté, un naturel, une élégance, une facilité, un bon fens admira-
„ bles. Je n'aurois jamais cru, dît Louis,
„ qu'un bel-efprit put fi bien écrire.

Les louanges que donna le Roi à fon ftile font vraifemblablement le fondement fur-lequel on a bâti l'hiftoriette fuivante, qu'on trouve par tout, &
que

que je ne mets ici que pour la ré-
futer.

Le Roi aiant fait un jour à Madame
de Montespan une de ees tendres
questions qui supposent qu'un prince
peut être aimé pour lui - même &
n'est jamais sûr de l'être, la favorite
lui répondit ce que toutes les maitresses répondent à leurs amans. Le Roi
la quitta en lui disant un peu séche-
ment qu'elle pouvoit se faire illusion.
Madame de Montespan allarmée du
ton dont il avoit prononcé ces paroles confia ses inquiétudes à Madame
de Maintenon. „ Je ne veux point,
„ lui dît-elle, qu'il se couche dans
„ cette idée : je veux la desabuser :
„ je vais lui écrire ". Mais point de
pensée, l'imagination étoit éteinte ; le
cœur étoit muet. Elle eut recours
à Madame de Maintenon, qui sur
le champ fit une lettre charmante.
La favorite le copia & l'envoia au

R

Roi

Roi : le Roi la trouva à ravir, &
lui en fit de si grands éloges qu'a-
iant honte de les recevoir , elle
avoua qu'elle s'étoit parée de l'esprit
de Madame de Maintenon. Louis
loua sa sincérité, mais fut piqué que
sa maitresse eut eu besoin du secours d'autrui pour lui dire qu'elle
l'aimoit pour lui - même. Sa re-
pugnance pour Madame de Maintenon cessa ; & il voulut voir, si elle
sentoit avec autant de délicatesse
qu'elle écrivoit.

C'est un conte fait à plaisir. Madame de Montespan, qui avoit beaucoup moins de bon sens, moins de
lumieres aquises par la lecture, moins
de souplesse que Madame de Maintenon, avoit beaucoup plus d'esprit, une
imagination plus brillante , un feu
plus vif & plus long. Elle n'avoit
pas besoin d'emprunter la plume de
personne. J'ai vu des lettres d'elle
qui

qui égalent celles de Sevigné. D'un
autre côté, Madame de Maintenon
defapprouvoit trop tout ce qui avoit
l'air de galanterie, & le defapprouvoit trop hautement pour fe prêter à
une pareille complaifance.

De retour à la cour, elle y retrouva
les mêmes fujets de peines. On eft
furpris de voir des querelles éternelles,
des plaintes, des reproches, des in-
fultes, & déjà une efpece de rivalité
entre deux dames dont la condition
étoit fi différente. Quelque bizare,
quelque impérieufe qu'on fuppofe la
premiere, l'état de dépendance, la
reconnoiffance n'obligeoient - elles pas
l'autre à tout fouffrir? Les brufqueries
de Madame de Montefpan n'étoient
pas toutes mal fondées. Elle voioit
une perfonne qu'elle avoit fecourue
dans la mifere gagner peu à peu la confiance du Roi qui commençoit à ne plus
redouter la converfation du *bel-efprit*.

                    Ma-

Madame de Maintenon obtint pour son frere le gouvernement de Coignac; & M. de Louvois ne lui fit demander cette grace qu'autant de tems qu'il falloit pour la faire valoir. La pieté févere dont elle fefoit profeffion ne la rendit pas ridicule aux ïeux du courtifan, & la rendit plus eftimable aux ïeux du Roi. Madame de La Valiere, qui n'efpéroit plus de ramener un cœur qui avoit eu le tems de l'oublier, fongea à réparer des péchés qu'heureufement pour fon falut elle ne pouvoit plus commettre. Tous les jours elle maudiffoit la cour, & n'avoit pas le courage d'en fortir. La grace enfin l'emporta. Sa retraite fut réfolue: elle s'en ouvrit à Madame de Maintenon, comme à la perfonne la plus capable de juger fainement d'un projet qui eft encore plus fouvent l'ouvrage du defefpoir que le fruit de la pieté.

Sub-

Subjuguée par un sentiment profond, tel qu'il les faut aux ames tendres, elle crut qu'il n'y avoit que Dieu qui put remplir la place que le Roi occupoit dans son cœur. Tout en elle devoit être admirable : il n'y avoit point eu d'exemple de la délicatesse de son amour ; il devoit n'y en point avoir de l'austérité de sa pénitence.

Etant un jour avec Madame de Maintenon à une chasse du Roi, elle lui déclara qu'elle vouloit se faire carmelite. Madame de Maintenon fut effraiée de cette confidence. C'est un projet, lui dît la duchesse, que je médite depuis lon-tems, & pour m'y préparer, je porte une haire & un cilice. Mais quel crime voulez-vous expier ? Hélas ! reprit La Valiere, le crime d'avoir trop aimé. Madame de Maintenon la pria de s'interroger encore, lui remontra la conséquence

R 3   d'un

d'un premier pas, & lui demanda si elle se croioit assez de force pour soutenir la vie d'une carmélite, elle qui étoit accoutumée à la mollesse & aux plaisirs. ,, Ah! Madame, lui répondit-elle en montrant le Roi & Madame de Montespan, ,, quand j'y ,, trouverai des peines, je n'aurai ,, qu'à me rappeller toutes celles que ,, ces deux personnes m'ont fait souf- ,, frir.

Madame de La Valiere exécuta ce dessein avec toute la magnanimité d'un héros. Elle ne regretta pas le monde : à peine le souvenir du prince qu'elle avoit adoré lui arracha-t'il un soupir. Elle paraphrasa ce beau cantique où David déplora des égaremens mille fois plus criminels ; elle en trouvoit tous les sentimens d'amour, de foi, & de contrition infiniment au dessous des siens. Elle

paf-

paffa trente - cinq ans * dans ces auf-
térités ; bien plus grande, aux ïeux du
chrétien , fous le cilice , dans l'humi-
liation, aux piés des autels , que lorfqu'affife à côté du trône elle voioit
un peuple de flatteurs mendier en
tremblant un feul de fes regards.

La converfion de Madame de La
Valiere acheva de détacher du monde
Madame de Maintenon : elle n'y tint
prefque plus , & l'auroit quitté, fi la
fortune qui fe joue également de nos
penchans & de nos projets n'eut décidé qu'elle devoit gouverner ce même monde qu'elle déteftoit.

Les bains de Barege avoient adouci
la maladie du duc du Maine , mais ne
l'avoient point guérie. On le mena

R 4

* Elle entra dans le noviciat le 2 juin ,
1674 , fit profeffion le 4 juin 1675 ,
fous le nom de Sœur Louife de la
Miféricorde , & mourut le 6 juin 1710,
àgée de 65 ans.

à Anvers * pour le montrer à un médecin dont on vantoit le savoir : &
comme on ne vouloit point que l'enfant fut connu, pour éviter la dépense
ou l'embarras du cérémonial, Madame de Maintenon fit ce voiage sous
le nom de la marquise de Suger ; &
le prince passoit pour son fils. Les
remedes de l'empirique furent violens.
Madame de Maintenon ne put soutenir la vue de l'appareil ; ce qui fit
dire à quelqu'un qui étoit présent :
„ on ne sait pas qui est le pere de
„ cet enfant ; mais à coup sûr voilà
„ la mere. Le petit duc, déjà hon-
teux d'aller faire voir ses infirmités à l'étranger, dît au médecin : „ au
„ moins, Monsieur, je ne suis pas né
„ comme cela ; voiez ma mere ; &
„ papa n'est rien moins que boiteux.
Le

---

* Mes Memoires placent ce voiage en
l'année 1675, & les lettres de Madame
de Sevigné à l'année suivante.

Le charlatan força la nature ; il allongea la jambe & ne la fortifia point, & renvoia le duc à Paris, avec parole qu'il ne boiteroit plus, & de grandes difpofitions à boiter davantage. Madame de Montefpan s'en prit à Madame de Maintenon. Le Roi fut plus équitable, la récompenfa de fes foins, & la dédommagea de l'ingratitude de la favorite.

On efpéra plus d'un fecond voïage à Barege. Le Roi en difpenfa Madame de Maintenon ; mais elle ne put obtenir la même difpenfe de fa tendreffe pour le prince. Barege ne fut pas plus heureux qu'Anvers. Mais fes lettres furent toujours admirées, & infpirerent à Louis XIV une eftime qui lui prépara de nouveaux chagrins à fon retour.

Madame de Montefpan lui fit affez entendre qu'elle lui étoit deformais inutile, & ne la chargea point de

 l'él'éducation du prince qui naquit en 1677, ni de la princeſſe qui naquit l'année ſuivante. Madame de Maintenon, qui avoit voulu quitter la cour tant qu'elle avoit été ſure d'un refus, refuſa de la quitter, dès-qu'on lui inſinua que ſa préſence étoit importune. » On a voulu ſe défaire de nous, écrivoit-elle à ſon frere; » on n'y » a pas réuſſi; vous ſavez qu'on ne » s'en défait pas aiſément; & nous » paſſerons une jolie vieilleſſe, s'il » peut y en avoir de jolie.

Elle tâcha pourtant d'appaiſer la jalouſie de Madame de Monteſpan. Elle fit imprimer un petit recueil des themes du duc du Maine, & le lui dédia ſous le titre d'*Oeuvres diverſes d'un auteur qui n'a pas encore ſept ans.* C'étoient quelques billets, qui tous avoient quelque choſe de mignon, de joli, & de fin, des traits d'hiſtoire choiſis, des réflexions, des maximes. Voi-

Voici une de ces maximes ; *Quand je devrois parler contre moi-même, il faut avouer que les princes sont ravis quand on leur fait des présens, & qu'ils ne sont pas si aises quand ils en font.*

Ce petit recueil fit du bruit à cause de l'épitre dédicatoire. Cette épitre étoit tournée de la maniere la plus délicate : le Roi & sa maitresse y étoient loués finement & sans bassesse. Je n'en ai pas encore vu de plus belle. On l'attribua à Madame de Maintenon, elle n'avoit point mis son nom au bas : mais quelle autre que la gouvernante du prince avoit droit de présenter ce livre à Madame de Montespan, & de lui parler avec cet air de connoissance, ce ton de familiarité & d'intérêt ? Quelques uns la trouvérent trop bien faite, trop correcte pour être entiérement l'ouvrage d'une femme : mais ceux-là ne connoissoient point Madame de Maintenon,

ou

ou ne favoient pas que l'éducation du duc du Maine lui avoit valu autant de lumieres qu'lles lui avoient couté de veilles & de foins.

Les querelles & les amitiés recommencerent, parce qu'on s'aimoit fans tendreffe, & qu'on fe querelloit fans animofité.

CHAPITRE X.

Faveur de Madame de Maintenon.

MAdame de Montefpan & Madame de Maintenon ne pouvoient ni vivre enfemble ni fe féparer. Tantot Louvois étoit député pour les réconcilier: tautot le Roi lui - même s'en vouloit mêler. „ Il m'eft plus „ aifé, difoit - il, de donner la paix „ à l'Europe que de la donner à deux „ femmes ". Les aiant trouvé un jour fort échauffées, il voulut favoir de quoi

quoi il s'agiſſoit. „ Si Votre Majeſté,
dit vivement Madame de Maintenon, „ veut entrer dans ce cabinet,
„ je l'en inſtruirai". Il y entra, &
Madame de Maintenon, après lui
avoir fait une vive peinture de tout
ce qu'elle avoit à ſouffrir, ajouta qu'elle ne pouvoit pas vivre davantage
avec une dame dont le caractere étoit
la dureté. „ La dureté, s'écria le
„ Roi; eh! toutes les fois qu'on parle
„ devant elle de quelque malheureux,
„ je vois ſes beaux ïeux ſe remplir
„ de larmes. Et moi, reprit Mada-
„ me de Maintenon, je vois que vous
„ en êtes toujours épris? eſt-ce là ce
„ que vous m'aviez promis, Sire?
Le Roi fut ému; elle ſaiſit ce moment, le rappella à la religion, lui
mit devant les ïeux l'exemple de
David, le prit par le tendre & par
le terrible, & alla juſqu'à lui dire:
„ vous aimez beaucoup vos mouſ-

que-

„ quetaires : fi vous appreniez cepen-
„ dant, qu'un d'eux fait ce que vous
„ faites vous-même, vous le feriez for-
„ tir de l'hotel. Louis fourît, & la remercia. „ Ne croiez point, ajouta-t'elle,
„ que ce foit la vengeance qui me
„ dicte ces confeils ; c'eft la religion,
„ c'eft mon zele pour votre gloire,
„ c'eft le defir que j'aurois de voir
„ en vous le meilleur chrétien com-
„ me l'univers y voit le plus grand
„ Roi , c'eft le chagrin de paffer
„ ma vie avec des perfonnes qui tous
„ les jours offenfent Dieu , & don-
„ nent à l'Europe le fcandale d'une
„ femme infidelle à fon époux, d'un
„ homme raviffeur de la femme de
„ fon prochain.

Madame de Maintenon n'étoit jamais plus éloquente ni plus aimable,
que quand elle parloit d'action. Ses
ïeux s'animoient, fes traits fe rem-
pliffoient de feu ; fon tein fe peig-
no-

noit des plus vives couleurs, son ame
sembloit voler sur ses lèvres: on croioit entendre la sagesse. Cette conversation fut fatale à Madame de Montespan. Elle réveilla les scrupules dans
la conscience de Louis, qui commençoit
à sentir beaucoup de remords depuis
qu'il ne sentoit plus d'amour; & elle lui
inspira pour Madame de Maintenon
une estime si tendre, que c'étoit presque de l'amour. Il lui promit de
rompre ses chaînes, & de penser séri-
eusement à son salut.

Dès-qu'il sortit du cabinet, Madame de Montespan, qui s'étoit bien dou-
tée du coup que Madame de Maintenon lui portoit, s'empressa de détruire les fâcheuses impressions de cet
entretien: elle vola dans les bras de
son amant, qui l'écarta de la main.
Elle pleura, gémît, se justifia.

Le Roi lui dît, que Madame de
Maintenon ne lui avoit donné que des
con-

conseils utiles, qu'il étoit tems de faire cesser le scandale qu'il donnoit à ses peuples, qu'il l'aimoit encore, mais qu'il falloit se vaincre, qu'il l'exhortoit à remporter sur son cœur la même victoire, & qu'il ne la reverroit plus en particulier.

Ces mots furent un coup de foudre. Abandonnée à son desespoir & à ses regrets, tantot elle se déchaînoit contre Madame de Maintenon ; tantot elle tâchoit de la gagner par des promesses, par des présens, par des excuses, par des caresses. Madame de Maintenon fut inflexible, & lui déclara, que l'unique moien d'être avec agrément à la cour c'étoit de renoncer de bonne foi à sa passion. „ Ah! répondit-elle, „ autant vaudroit-il „ m'arracher le cœur.

Les devots triomphérent, les libertins pâlirent, les personnes raisonnables prévirent que cette orage ne seroit

pas

pa; de durée : tant de beauté encore
d'un côté, & fi peu de defirs de l'au
tre ! c'étoit un état forcé.

Cependant M. de Condom fe hâta
de profiter de ces premiers momens
de ferveur : il parla au Roi, parla élo-
quemment, reçut les complimens de
toute la cour, & fe défendit foiblement d'être un autre Saint Ambroife.
Les prédicateurs voulurent partager
fa gloire, & tonnerent apoftolique-
ment contre la fornication & l'adul-
tere. Il y en eut un, qui, en expliquant
la parabole de Nathan, en ofa faire
l'application au Roi, & s'échauffant
contre lui, l'apoftropha vingt fois de
ces paroles : *tu es ille vir.* Le Roi
demanda ce qu'il difoit, & fut fort
irrité quand il apprit qu'elles fignifioient : *tu ès cet homme - là.* Les courtifans, qui peut - être n'étoient pas
fâchez qu'on dît une vérité dure à
leur maître, mais qui l'auroient été

qu'on

qu'on les crut capables de ne pas s'of-
fenfer de toute vérité, tâcherent d'entretenir le reffentiment du Roi contre
ce prêtre imprudent. Mais Louis
qui étoit encore dans la premiere
chaleur de fa devotion, & qui auroit
facrifié une province à un trait de
grandeur d'ame, leur répondit: „ il
„ a fait fon devoir: fefons le nôtre.

Peu à peu cette chaleur fe rallentît.
Madame de Maintenon avoit exigé
une chofe trop difficile. Louis XIV n'é-
toit pas encore affez vieux. Il paffoit a-
vec elle des heures entieres, lui promettoit des miracles, n'ofoit lui parler d'a-
mour, s'ennuioit à périr, mais n'aimoit à s'ennuier qu'avec elle. Madame de Montefpan en frémît, n'é-
couta que fa fureur, & eut l'impru-
dence d'accufer Madame de Mainte-
nen d'aimer le Roi & d'en être aimée.
Ce foupçon fut fi fouvent répété que
le Roi s'y accoutuma, & fut charmé
que

que Madame de Montespan ne trouvât cette liaison que criminelle , parce qu'il craignoit qu'on ne la jugeât ridicule. Il fut dispensé d'un aveu formel , sûr d'être cru, en ne niant que foiblement. Oui ; Madame de Maintenon ne fut peut - être jamais devenue sa rivale , si elle n'avoit été accusée de l'être, lorsqu'elle ne l'étoit pas. Il falloit éloigner cette idée , & par des railleries & des mépris la renvoier dans la classe des impossibilités.

Le Roi cherchoit à se rapprocher de sa maitresse & des plaisirs, mais il vouloit s'en rapprocher, sans que ses mesures pussent être rompues par ceux à qui il avoit promis de briser ses fers. M. Bossuet dont le zele étoit trop vif pour être prudent le fatiguoit d'exhortations, & parloit à un prince plein de passions avec toute la sévérité d'un pere de l'église. Il en exigea un congé dans les formes, un

con-

congé par écrit. Le Roi y confentit, & pour ne lui laiffer aucun doute voulut qu'il en fut lui - même le porteur. Mais, au lieu des cruels adieux qu'il avoit promis, il écrivit la lettre la plus paffionnée. L'évêque la remit à Madame de Montefpan & en rapporta une réponfe encore plus tendre. Ce commerce dura quelques jours; on fe fefoit des fermens d'être fidele, on prenoit des arrangemens, on fe donnoit des rendez-vous, & le prélat étoit je courrier. Ils fe revirent, fe parlerent avec cette familiarité qui ne convient qu'à des amans; & les adorations de la cour qui recommencerent annoncerent à M. Boffuet qu'il avoit été dupe. Il avoit fait précifément ce que Lauzun ou Vardes auroient rougi de faire. Madame de Montefpan le confola du ridicule; & le Roi l'en récompenfa.

Madame de Maintenon ne relâcha
rien

rien de son austérité, & inspira une partie de ses sentimens à sa rivale. Celle-ci étoit embarassée * entre les conséquences qui suivroient le retour des faveurs, & le danger de n'en plus faire, entre la crainte de les prodiguer & la crainte qu'on n'en cherchât ailleurs. Madame de Maintenon la pressoit de s'en tenir à l'amitié; mais elle ne pouvoit l'y résoudre. Tant de charmes encore, & tant d'orgueil se réduisoient difficilement à la seconde place. Les jalousies étoient vives: mais empêcherent-elles jamais rien? Il y avoit eu des regards & des façons pour Madame de Maintenon. Ces distinctions avoient été remarquées. Elle est trop bien conseillée, disoit-on, pour lever l'étendart d'une telle perfidie avec si peu d'apparence d'en jouir lon tems: elle ouvriroit le

S 3   grand

* Voiez les lettres de Sevigné du 30 septembre, 1676.

grand chemin à l'infidélité, & ne fer-
viroit que comme d'un paffage pour
aller à d'autres plus jeunes & plus
jolies. Voilà ce que difoit à Paris ce
monde de curieux, inftruits à demi,
féconds en conféquences, accoutumez
à fe venger par la medifance de la
faveur.

Madame de Maintenon étoit incapable d'entrer dans une intrigue de
galanterie; & fa réputation étoit fi
bien établie, que Madame de Montefpan lui cachoit toüs fes plaifirs avec
le même foin qu'elle lui auroit caché
des crimes: elle redoutoit fes regards,
& lui écrivoit dans une de fes groffef-
fes: „ j'apprehende votre préfence,
„ & que vos grands ïeux noirs ne
„ tombent fur moi dans l'état où je
„ fuis ". Les jours de jeûne, elle
fefoit pefer devant elle le pain de fa
collation ; Madame de Maintenon
rioit de cette délicateffe; „ eh! quoi?

lui

lui dit la favorite, „ parce qu'on fait
„ un péché, croiez-vous donc qu'on
„ veuille les faire tous?

Madame de Maintenon avoit quelques distractions agréables. Sa terre occupoit son loisir; elle y fesoit des embellissemens; le fameux Le Nautre y travailloit par ordre du Roi; elle y trouvoit tous les jours quelque présent; elle y rassembloit les portraits des personnes qui lui étoient cheres; elle y établissoit des manufactures utiles.

Son établissement étoit solide: il portoit sur le gout du Roi & sur la vertu. Celui de son frere l'étoit moins: il ne portoit que sur le sien. M. d'Aubigné avoit du mérite; mais ce n'étoit point un mérite qui put avoir de l'éclat: il étoit fait pour vivre inconnu & pour vieillir oublié. Presque point d'ambition, & avec beaucoup de nonchalance beaucoup d'envie de profiter de l'élévation de sa

sœur;

sœur; de l'esprit, mais sans graces & sans brillant; une humeur inégale; haut, & par conséquent facile à gouverner; sans fiel, & néanmoins réussissant à se faire des ennemis; indécis, devot par boutade; aimant le faste & toutes ces bagatelles qui plaisent si fort aux petites ames & qui même séduisent quelquefois les grandes: consumant au jeu des sommes immenses, & ne connoissant d'autre plaisir. Un jour qu'il pontoit au Pharaon, & qu'il mettoit sur les cartes des monçeaux d'or sans compter, le maréchal de Vivonne, qui entra, voiant remuer tant d'argent,& qu'il sortoit de la poche dé M. d'Aubigné; ,, je me doutois ,, bien, dit-il, qu'il n'y avoit que ,, lui qui pouvoit jouer si gros jeu? ,, C'est, répliqua brusquement d'Au- ,, bigné, c'est que j'ai eu mon bâton ,, en argent.

Madame de Maintenon crut lui
ôter

ôter tous ſes défauts en lui donnant une femme. Elle choiſit Mademoiſelle de Floigni, jeune, fort aimable, fort belle, mais dont les minauderies déplurent ſi fort au comte d'Aubigné que la veille de ſon mariage il héſita lon-tems s'il le concluroit. La nôce ſe fit à Maintenon; des perſonnes du premier rang & Madame de Monteſpan même l'honorerent de leur préſence. Ce mariage ne fut point heureux : d'Aubigné vit trop tard qu'il eſt très difficile à un homme de quarante ans de ſe faire à l'humeur d'une femme de quinze : ils ſe brouillerent ſouvent ſans ſujet, & ſe racommoderent toujours ſans tendreſſe. Madame de Maintenon donna des conſeils, fit des reproches, hazarda des menaces : elle ne fut point écoutée; & Madame d'Aubigné continua à garder peu de précautions dans ſes liaiſons à rire ſans en avoir envie, à minau-

T

der

der en parlant, à faire enrager son mari sans lui donner pourtant des sujets de jalousie, & à se prévaloir fastueusement du credit de sa belle-sœur.

****

CHAPITRE XI.

La marquise de Maintenon dame d'atour de Madame la Dauphine.

LE mariage du Dauphin mit toute la cour en mouvement. Il falloit former la maison de Madame la Dauphine: tout le monde y aspiroit. Les grandes charges étoient briguées par un grand nombre de personnes. Le Roi n'eut aucun égard aux sollicitations, & ne consulta que Madame de Maintenon. Elle lui nomma Madame de Richelieu pour dame d'honneur, & la maréchale de Rochefort pour l'une des dames d'atour: ,, je ,, vous avoue, ajouta-t'elle, que le
,, choix

„ choix de l'autre m'embaraffe. Dif-
„ penfez vous en, lui dit le Roi; ce
„ fera vous même, fi vous l'agréez.

Madame de Maintenon ne revenoit
point de fa furprife : elle remercia, fe
défendit quelque tems, &, fur les
inftances que le Roi lui fit, accepta.
Elle obtint à Madame de Monchevreuil fon amie la place de gouvernante des filles d'honneur qui furent
Mademoifelle de Lauweftein, & Mademoifelle de Rambures.

La marquife de Montefpan, accoutumée à difpofer de ces places, fut
vivement piquée de n'avoir pas feulement été du confeil. Elle n'efpéra
plus d'éloigner de la cour fa rivale à
force de dégouts; elle diffimula fon
chagrin, & voulut y tenir, comme
elle, par une plus grande charge.

Celle de furintendante de la maifon
de la reine étoit à fa bienféance: la
comteffe de Soiffons l'avoit : mais

 com-

comment l'engager à s'en défaire? Il s'en offrit une occasion favorable. Louvois qui s'étoit mis en tête de pousser à bout tout ce qu'il y avoit encore de grand en France fit établir la chambre ardente pour la recherche des empoisonneurs. Les plus grands seigneurs y furent citez, entre autres, le maréchal de Luxembourg, & la duchesse de Bouillon, & la comtesse de Soissons, qui furent sur le point d'être décrétées de prise de corps. La comtesse se retira à Bruxelles, & fut obligée de vendre sa charge à Madame de Montespan, qui la paya très mal, & qui crut avoir fait une grande conquête. Mais elle vit bientot que quand le crédit tombe, on ne le releve point par une charge.

Madame de Maintenon ne pouvoit plus envisager comme prochaine cette délicieuse retraite après laquelle elle soupiroit avec tant d'ardeur: ses chaînes

nes à la cour s'appefantiffoient. Elle n'étoit pourtant plus dans la fervitude, & en entrant chez Madame la Dauphine elle quittoit Madame de Montefpan.

Elle avoit craint, que cette charge ne l'obligeât à un fafte, à des plaifirs, à une oifiveté qui n'étoient point de fon goût. Elle fe trompa. La Dauphine n'aima que la folitude; & après les premieres fêtes, fa maifon eut plus l'air d'un monaftere que d'une cour. Cette princeffe n'étoit point jolie: elle étoit aimable, la taille parfaite, la gorge, les bras, & les mains; & parmi cette envie de dire tout ce qui pouvoit plaire, il y avoit beaucoup d'efprit & de dignité. Sanguin avoit dit au Roi: « Sire, fauvez le » premier coup d'œuil, & vous en » ferez content : & Sanguin avoit dit vrai. Elle aimoit les arts, s'y connoiffoit, & en avoit orné fon efprit. Le
Roi

Roi lui difant un jour : « Vous ne
» m'avez point dit, Madame, que
» Madame de Tofcane votre fœur
» étoit extrémement belle : puis-je me
» fouvenir, lui répondit elle, que ma
» fœur a toute la beauté de la famille,
» lorfque j'en ai tout le bonheur ?

Avec cet heureux talent qu'avoit
Madame de Maintenon de gagner
tous les cœurs, il ne lui fut pas difficile de captiver celui de fa Maîtreffe,
tout impérieufe, tout inégale qu'elle
étoit. Attentive aux progrès de fa
faveur, elle ne négligeoit pas même
les bagatelles qui pouvoient l'aug-
menter. Elle perdit une difcrétion
contre M. le Dauphin. Elle lui en-
voya une canne, dont la pomme
étoit une grenade d'or & de rubis : la
couronne s'ouvroit : on voioit le portrait de la Dauphine ; & au deffous ; *il
piu grato nafconde.* On avoit fait autrefois cette devife pour la Comteffe
de

de Grignan : elle paroiſſoit alors une hiperbole ; & pour cette princeſſe ce fut une vérité *.

A la mort de la ducheſſe de Richelieu, le Roi voulut la faire dame d'honneur ; elle lui repréſenta, que cette place exciteroit contre elle l'envie, qu'il falloit plutot deſarmer par la modération qu'irriter par l'orgueil. Louis entra dans ſes raiſons de délicateſſe & à ſa priere y nomma Madame d'Arpajou, ſon ancienne amie, & ſœur de ce Beuvron avec qui elle avoit paſſé de ſi doux momens dans ſa jeuneſſe & qu'il protégea toujours dans ſon élévation.

Madame de Monteſpan n'avoit plus à eſſuier les oppoſitions de Madame de Maintenon ; elles ne ſe rendoient plus de viſites ; mais par

T 4

tout

---

* Voiez lettres de Madame de Sevigné, 31 mai 1680.

tout où elles fe rencontroient, elles fe parloient avec une fi grande apparence de tendreffe, qu'on les croioit fincérement amies. Se trouvant un jour obligées d'aller à une promenaee dans le même caroffe : » montons, » montons, dit Madame de Monte- » fpan, & caufons de bonne amitié; » nous ne nous en aimerons pas » pour cela davantage.

Autant qu'elle avoit d'attention à cacher fa faveur, autant le comte d'Aubigné en avoit-il à la publier, comme fi tout fon mérite avoit été d'être fon frere. Il tenoit des difcours infenfez, qu'on répétoit à Madame de Maintenon avec complaifance. Elle étoit obligée, pour réparer fes imprudences, d'en impofer là deffus à fes meilleurs amis, de forte que Paris renvoioit à Verfailles des nouvelles qui détrompoient les efprits, ou qui du moins les jettoient dans

l'inl'incertitude. Elle savoit, que la cabale des Vivonnes ne cherchoit que les momens de lui nuire, & que l'abbesse de Fontevrault avoit décidé qu'il valoit mieux la faire couler en lui donnant des ridicules que la faire tomber en lui prêtant des noirceurs. Instruite des desseins de ses ennemis, elle n'y opposoit que la prudence. ,, S'ils échouent, disoit-elle, j'en ,, rirai, s'ils réussissent, je souffrirai ,, avec courage.

CHAPITRE XII.

Amours du Roi & de Mademoiselle de Fontanges.

TAndis que Madame de Montespan disputoit encore à Madame de Maintenon la premiere place dans le cœur du Roi, Mademoiselle

de

de Fontanges parut, s'en empara, & lui offrit une véritable rivale.

C'étoit une grande fille, bien faite, d'un grand éclat, parfaite, si ses cheveux n'eussent tiré un peu sur le roux. Ses parens, qui étoient du Rouergue, admirerent eux mêmes sa beauté & y fonderent des espérances. Dès son enfance ils la destinerent à la conquête qu'elle fit, & lui ménagerent par l'entremise de la duchesse d'Arpajou une place de fille d'honneur chez Madame. Son humeur étoit douce, & un peu mélancolique; plus languissante que brillante. Elle fut menée à la cour par M. de Peire, Lieutenant de Roi de la province de Languedoc. Dès qu'elle y fut arrivée, Madame de Montespan, toujours portée à se détruire elle-même, vint dire au Roi, qu'on avoit amené à Madame une provinciale, qui étoit une vraie agnès & une idole de marbre.

bre. Louis , très-curieux de toutes
les belles personnes , n'eut pas besoin
d'être excité. Il donna une chasse à
Madame. Mademoiselle de Fontanges en fut. La Marquise de Montespan l'apperçut , l'appella , la présenta au Roi ; & pour la déconcerter ,
lui découvroit la gorge , & disoit :
» Voiez , Sire , que cela est beau !
» Et ceci , qu'en dites-vous ? Admi-
» rez donc. » Elle parcourut ses appas
en détail avec des exclamations infinies. Le Roi , aussi grand connois-
seur en femmes , qu'il l'étoit en hommes , en vit plus d'un coup d'œuil que
Madame de Montespan avec toute son
attention. Il trouva la statue fort belle,
comme Pigmalion il en devint amoureux , comme lui il l'anima. L'heureux mortel ! tout ce qu'il y avoit
de plus grand servoit à sa gloire , tout
ce qu'il y avoit de plus beau à ses
plaisirs.

Mademoiſelle de Fontanges avoit des amis attentifs à ſa fortune ; ils lui donnerent des conſeils ; elle en avoit beſoin : car, dit l'abbé de Choiſy, elle étoit belle comme un ange , mais ſotte comme un panier. Elle ſe hâta de remplir ſa deſtinée. Maîtreſſe déclarée , elle ſe livra toute entiere à la grandeur, paſſa devant la reine ſans la ſaluer, dépenſa cent mille écus par mois, fut ſurpriſe qu'on nommât cela prodigalité , irrita ſes amis & étonna juſqu'aux courtiſans par ſon ingratitude. Elle eut voulu avoir des roiaumes à donner. Louis l'adoroit parce qu'il ſe retrouvoit en elle ; cependant il fut toujours plus ſûr de ſa magnificence que de ſa fidélité.

La Marquiſe de Monteſpan , furieuſe de cette préférence , furieuſe d'avoir elle même placé ſa rivale , ceſſa de perſécuter Madame de Maintenon, & tourna toute ſa rage contre Made-

moi-

moiselle de Fontanges. Celle-ci n'a-
voit d'autre appui que ses charmes &
la nouveauté. Elle avoit contre elle
ceux qui l'avoient d'abord servie,
dont elle avoit païé les bienfaits par
des hauteurs, Madame de Maintenon qui attiroit souvent le Roi à la
cour de la Dauphine où il n'étoit parlé
que de Dieu, toutes les femmes qui
avoient des prétentions, & Madame
de Montespan qui avoit des droits.

Le Pere de La Chaise, qui diri-
geoit la conscience du Roi, & qui
lui avoit défendu depuis lon - tems
l'usage des sacremens, jugea que l'a-
dultere étoit plus criminel que ce nou-
vel engagement; & parce qu'il desap.
prouvoit hautement les amours de
Madame de Montespan il fut accusé
par elle de favoriser tout bas les
amours de Mademoiselle de Fontanges. Le Roi communia *. Il ne lui

en

* Le Roi a communié à la pentecote.

en fallut pas davantage pour crier au
sacrilege: „ Le Pere de La Chaise,
dît-elle assez plaisament, „ n'est qu'u-
„ ne chaise de commodité *.

Elle fut plus contente du duc Mazarin, le même qui avoit eu une
femme si belle & si aimable & qui
n'avoit pas sçu la garder. Il étoit à
la tête des devots, mais de ces devots
qui le sont jusqu'à la folie. Il demanda une audience particuliere au
Roi, sous prétexte qu'il avoit des choses de la derniere importance à lui
communiquer. Il l'obtint, & lui
dît; qu'il lui donnoit avis que Dieu
l'avoit averti en songe d'une prochai-
ne-

Le crédit de Me. de Fontanges est solide
& brillant. Lett. de Sevigné, du 12
juin, 1680.

* V. les mémoires du marquis de La
Fare sur les principaux événemens du
regne de Louis XIV.

ne révolution qui renverferoit le roiaume, s'il ne renvoioit promtement
Fontanges. - „ Et moi, dît le Roi,
„ je vous donne, avis de donner or-
„ dre à votre cerveau.

Le cœur du Roi étoit cruellement
déchiré. Il fe donnoit à Fontanges
par gout, il alloit à Maintenon par
réflexion, il revenoit à Montefpan
par habitude. Toutes trois le vouloient entier. La prémiere étoit aimée, la feconde plaifoit encore, la
troifieme étoit fur le point de plaire
feule plus que l'une & l'autre enfemble. Louis avoit à effuier les caprices de l'amour, les emportemens al-
tiers de la jaloufie, l'auftérité de la
morale, les chagrins de la reine qu'il
devinoit, & les remords de fa confcience.

Madame de Maintenon jouoit le
plus beau rôle. On eut dît, qu'elle
n'avoit aucun intérêt à ces intrigues.
El-

Elle ne parloit au Roi que de la nécessité de briser ses chaînes ; elle ne
parloit à ses maitresses que de la nécessité de l'union. Elle consoloit le Roi,
& réconcilioit les deux rivales. Elle
établît si bien son sistême, que dans
un bal donné à Villers-Cottrets, Fon-
tange y parut pârée des mains de
Montespan.

Celle-ci n'observa pas lon-tems
les conditions de ce traité de paix.
Ses cris recommencerent. Elle s'emporta contre Mademoiselle de Fontanges, contre la des Adrets sa confidente, contre le prince de Marsil-
lac, contre toute la cour. Le Roi
affligé de ces violens chagrins fuioit
son ancienne maitresse pour se dérob-
ber à l'ascendant qu'elle avoit pris
sur lui, ne passoit que des momens
chez la nouvelle qui n'avoit pas assez
d'esprit pour l'amuser, & passoit des
heures entieres avec Madame de
Main-

Maintenon, dont la douceur, la vertu, la converſation devenoient tous les jours plus néceſſaires à ſon ame tourmentée.

Mademoiſelle de Fontanges portoit déjà dans ſon ſein des preuves de ſa fragilité. Le Roi la fit ducheſſe. Elle ne joüît pas lon-tems de ſa fortune. Elle ſentit qu'elle n'étoit plus aimée: les plus grands établiſſemens ne pouvoient la conſoler d'un après diné paſſé chez Madame de Maintenon.

Ses couches ne furent pas heureuſes. Le bruit ſe répandit à Paris & en province, que Madame de Monteſpan l'avoit empoiſonnée, comme s'il étoit fort rare de mourir d'une ſuite de couches. Elle languît lontems; & ſes regrets ne purent la conſumer. Elle mépriſoit quarante mille écus de rente & un tabouret qu'elle avoit, & ne ſoupiroit qu'après la ſan-

U

té

té & le cœur du Roi quelle n'avoit
plus.

Quelque tems avant sa mort, elle
le fit prier de venir la voir. Le Roi
craignant un attendrissement, craignant qu'un entretien ne l'empêchat
de se détacher du monde, lui refusa par excès de délicatesse cette derniere preuve d'amour. Il fallut pourtant céder. Le confesseur dît qu'elle
mourroit contente après cette entre-
vüë. Le jour que cette visite lui fut
promise, elle demandoit à tout moment l'heúre qu'il étoit. Enfin, elle
sonna, le Roi vint, fut surpris de la
voir pâle, décharnée, & si défigurée
qu'il eut peine à la reconnoître : leurs
adieux furent fort tendres * ; & les
réflexions du Roi furent fort triftes.

Ma-

* Elle pria le Roi de païer ses dettes, &
de marier sa sœur. Le Roi lui promit
l'un

Madame de Fontanges mourut dans les sentimens de foi & de repentance que Dieu nous envoïe ordinairement a l'heure de la mort, sans doute pour nous préparer à une meilleure vie. Le regne de cette favorite fut comme le regne des roses: il en eut & l'éclat & la briéveté **.

U 2

Ma-

l'un & l'autre, & tint parole. Sa sœur épousa bientot après M. de Molac.

** On ne sera peut-être pas faché de trouver ici une épitaphe de Madame de Fontanges, qui peut-être mérite d'être conservée.

Vous qui ne pensez q'uà l'amour
Belles ! qu'un autre soin en ce lieu vous
appelle !
Approchez, & voiez dans ce miroir fidele
Ce que vous devez être un jour.
Jalouses autrefois du bonheur de ma vie,
Aiez pitié d'un sort dont vous eutes envie.
Le bonheur m'aveugla, la mort m'a dé-
trempé :

Madame de Montespan se réjouît de la mort de sa rivale : Le Roi en fut surpris & lui reprocha de prendre si peu de part à ses peines, après en avoir eu tant à ses plaisirs. „ Que „ je suis heureux, dît-il à Madame „ de Maintenon, de trouver en vous „ des consolations qui adoucissent l'a-„ mertume où je suis !

Ce Dieu dont la main m'a frappé
Veut qu'à lui seul on sacrifie.
Si l'amour m'éleva dans un illustre rang,
J'en devins bientot la victime :
Et si l'ambition me conseilla le crime
Il m'en a couté tout mon sang.
A la cour, je n'eus point d'égale ;
Maitresse de mon Roi, je défis ma rivale.
Jamais un tems si court ne vit un sort si
beau ;
Jamais fortune aussi ne fut si-tot détruite:
Ah ! que la distance est petite
Du faîte des grandeurs à l'horreur du
tombeau !

Fin de l   ere partie.